土木工程科技创新与发展研究前沿丛书

双洞山岭隧道抗震研究

皇 民 著

中国建筑工业出版社

图书在版编目（CIP）数据

双洞山岭隧道抗震研究 / 皇民著. — 北京：中国建筑工业出版社，2021.10
（土木工程科技创新与发展研究前沿丛书）
ISBN 978-7-112-26699-9

Ⅰ.①双… Ⅱ.①皇… Ⅲ.①山岭隧道-隧道工程-防震设计-研究 Ⅳ.①U459.4

中国版本图书馆 CIP 数据核字（2021）第 208981 号

本书以高烈度区的雅泸高速公路双洞山岭隧道为研究背景，对双洞山岭隧道地震动力响应分别进行波动理论分析和数值分析，并在此基础上进行模型试验研究。研究并解决了地震波位移时程漂移等隧道地震动力数值分析的几个关键问题，确定了地震动力作用下的隧道临界埋深，针对不同间距、不同激振方向、不同围岩地质条件以及不同衬砌刚度下的双洞山岭隧道结构的地震动力响应规律进行了系统研究，并获得双洞山岭隧道地震响应规律及其抗减震性能特点。

本书可供土木工程、交通工程、安全工程等专业的高校师生以及相关专业的科研与工程技术人员学习参考。

责任编辑：聂　伟　吉万旺
责任校对：芦欣甜

土木工程科技创新与发展研究前沿丛书
双洞山岭隧道抗震研究
皇　民　著

*

中国建筑工业出版社出版、发行（北京海淀三里河路 9 号）
各地新华书店、建筑书店经销
北京鸿文瀚海文化传媒有限公司制版
北京建筑工业印刷厂印刷

*

开本：787 毫米×960 毫米　1/16　印张：12　字数：239 千字
2021 年 9 月第一版　2021 年 9 月第一次印刷
定价：**50.00** 元
ISBN 978-7-112-26699-9
（38571）

版权所有　翻印必究
如有印装质量问题，可寄本社图书出版中心退换
（邮政编码 100037）

序

随着我国交通基础设施的飞速发展，大量的铁路、公路隧道以及城市地铁相继修建，且多为双洞山岭隧道。以往人们普遍认为，地下结构具有较好的抗震性，而随着地震的频繁发生，有些强震对地下结构造成了强烈的破坏，如2008年5月的汶川地震造成宝成铁路和都汶公路等很多隧道结构产生了严重破坏。然而，现有国内外抗震规范关于地下洞室等地下结构的内容都十分简略，难以适应高烈度地震区地下洞室的建设发展，因此，对高烈度区双洞山岭隧道的抗震性能研究显得十分必要。

本书以雅泸高速公路双洞山岭隧道为研究背景，对双洞山岭隧道地震动力响应进行理论和数值分析，并在此基础上进行模型试验研究。本书首先通过震害调查和文献收集，分析总结了隧道工程的主要震害形式和影响因素。然后采用波函数展开法推导出平面P波和SV波入射下的双洞圆形隧道的衬砌动应力的无穷级数表达式，这不仅为后续的隧道地震动力三维数值分析指明了研究方向，同时可以用来检验数值计算的精度。下一步，再采用三维数值分析的方法对不同间距、不同激振方向、不同围岩地质条件以及不同衬砌刚度下的双洞山岭隧道结构以及双洞山岭隧道洞口段的地震动力响应规律进行系统研究，获得其地震响应规律，并与波动理论计算结果相互验证。最后，本书采用几何比1∶30的大比例尺相似模型，以强震区勒不果喇吉隧道为原型，在多种工况下研究了双洞山岭隧道的抗减震措施，获得了双洞山岭隧道的地震响应规律，并提出相应的减震措施。

目前，我国对隧道地下工程的抗震研究才刚刚起步，其中针对高烈度区双洞山岭隧道的研究更少，可供借鉴的实例和经验十分有限。本书在双洞山岭隧道的抗减震方面做出了积极探索并取得了一定的成果，这对于当前隧道地下结构的抗震研究无疑具有十分重要的理论价值和指导意义，因此欣然为之序。

中国工程院院士
2021年9月

前　　言

近年来地震频繁发生，有些强震对地下结构造成了强烈的破坏，而国内外现有抗震规范中关于地下洞室等地下结构的条文都十分简略，难以适应高烈度地震区地下洞室的建设发展。目前，我国对隧道地下工程的抗减震研究刚刚起步，其中针对高烈度区双洞隧道的研究更少。本书结合雅泸高速公路隧道抗减震研究项目，对强震区双洞山岭隧道地震动力响应分别进行波动理论分析和数值模拟分析，并在此基础上进行模型试验研究，主要内容和成果如下：

（1）通过文献和震害调查，分析总结了隧道地下结构的主要震害形式和影响因素。隧道震害破坏形式主要包括衬砌开裂和塌方、边坡塌方、边墙开裂、洞口破坏等，而影响隧道震害的因素主要包括地震震级和烈度、隧道埋深、地质条件、衬砌结构形式等。

（2）将半无限空间波动理论分析推广到双洞山岭衬砌模型，采用波函数展开法推导出平面 P 波和 SV 波入射下的衬砌应力的无穷级数表达式，利用衬砌自由面和半空间表面的零应力边界条件以及衬砌和围岩交界处的应力和位移连续条件，对衬砌的动应力进行求解，并获得其级数表达式。

（3）研究并解决了地震波积分位移时程漂移、地震波的滤波和校正、模型边界条件、地震波危险作用方向、模型横向计算范围等隧道地震动力数值模拟过程中的几个关键问题，这是正确进行数值模拟分析的前提和关键。

（4）采用数值模拟的方法对不同埋深下隧道的地震动力响应进行研究，确定了地震动力作用下的隧道临界埋深，然后针对不同间距、不同激振方向、不同围岩地质条件以及不同衬砌刚度下的双洞山岭隧道结构的地震动力响应规律进行了系统的研究，获得其地震响应规律，并与波动理论计算结果相互验证。

（5）以雅泸高速公路勒不果喇吉隧道泸沽端洞口以及大宝山隧道洞口为原型，对其相应的地质地形条件进行适当的简化，系统研究了双洞错距隧道洞口段的地震响应规律。隧道洞口段的抗震性能不如洞身段，是隧道地下结构抗震设计的薄弱环节，对于双洞山岭隧道来说，应取进洞距离不小于 $100\mathrm{m}$ 的范围作为洞口抗震设防长度进行抗减震设计。

（6）计算并分析了注浆加固围岩以及在二次衬砌和初期支护之间加设柔性减震层两种减震措施对双洞山岭隧道衬砌的减震作用。

（7）在理论计算和数值模拟的基础上，以相似理论为指导，采用几何比1∶30的大比例尺相似模型，以勒不果喇吉隧道为原型，在多种工况下研究了双洞山岭隧道的抗减震措施，并与理论计算和数值模拟相互验证，得出了双洞山岭隧道的地震响应规律，并提出相应的减震措施。这对于高烈度区的双洞山岭隧道抗减震设计和施工具有重要的实践价值和指导意义。

本书由河南工程学院皇民撰写。本书的撰写和出版得到了国家自然科学基金项目（50878187、50848020）以及河南省科技攻关项目（112102310367、212102310290）的资助，特此感谢。

由于作者水平有限，书中不足之处恳请读者批评指正。

目 录

第1章 绪论 … 1
1.1 选题背景 … 1
1.2 隧道震害形式及其影响因素分析 … 2
1.2.1 隧道结构震害实例 … 2
1.2.2 汶川地震隧道震害分析 … 3
1.2.3 隧道地震破坏的主要形式 … 8
1.2.4 隧道震害的影响因素分析 … 10
1.3 隧道抗减震问题的国内外研究现状 … 11
1.3.1 国外研究现状 … 11
1.3.2 国内研究现状 … 11
1.4 隧道及地下结构抗震问题的研究方法 … 13
1.4.1 原型观测 … 13
1.4.2 理论分析 … 14
1.4.3 试验研究 … 16
1.5 本书主要研究内容 … 17

第2章 双洞山岭隧道地震响应的波动解法分析 … 19
2.1 模型 … 20
2.2 平面P波作用下双洞山岭隧道衬砌动应力分析 … 20
2.2.1 半无限空间中自由场波函数的分析 … 20
2.2.2 半无限空间中散射场波函数的分析 … 22
2.2.3 隧道衬砌中波函数分析 … 23
2.2.4 问题的求解 … 23
2.2.5 计算结果分析 … 28
2.3 平面SV波作用下双洞山岭隧道衬砌动应力分析 … 38
2.3.1 半无限空间中自由场波函数的分析 … 38
2.3.2 半无限空间中散射场波函数的分析 … 40
2.3.3 隧道衬砌中波函数分析 … 41
2.3.4 问题的求解 … 42
2.3.5 计算结果分析 … 44
2.4 汶川地震隧道震害调查与波动理论计算结果的对比 … 54

2.5 本章小结 ··· 55

第3章 隧道地下结构动力数值分析关键问题探讨 ······················ 56
3.1 地震波的分析与处理方法 ··· 56
 3.1.1 地震波的选用 ··· 56
 3.1.2 地震波的频谱分析 ·· 59
 3.1.3 滤波以及模型网格尺寸的确定 ·································· 63
 3.1.4 地震波基线校正 ·· 65
3.2 人工边界的选择 ·· 67
 3.2.1 目前常用的人工边界处理方法 ·································· 67
 3.2.2 黏性边界的波动输入 ·· 68
3.3 地下结构动力分析的数值方法 ·· 70
3.4 地下结构动力分析的模型范围 ·· 71
3.5 本章小结 ··· 76

第4章 双洞山岭隧道地震响应数值分析 ······························· 77
4.1 工程概况 ··· 77
4.2 地震作用方向对隧道地震响应的影响 ······························· 79
4.3 埋深对隧道地震响应的影响 ··· 83
4.4 不同间距下双洞山岭隧道地震响应分析 ···························· 87
4.5 地震波入射角度对双洞山岭隧道地震响应的影响 ·················· 92
4.6 衬砌刚度对双洞山岭隧道地震响应的影响 ·························· 96
4.7 围岩性质对双洞山岭隧道地震响应的影响 ·························· 99
4.8 双洞山岭隧道减震措施研究 ·· 103
 4.8.1 注浆加固围岩对隧道衬砌的减震分析 ······················· 104
 4.8.2 加设减震层对隧道衬砌的减震分析 ·························· 107
4.9 勒不果喇吉双洞山岭隧道洞口段地震响应分析 ··················· 110
4.10 大宝山双洞山岭隧道洞口段地震响应分析 ······················· 114
 4.10.1 工程概况 ··· 114
 4.10.2 地震波作用下峰值位移和内力计算结果 ·················· 116
 4.10.3 地震波作用下隧道洞口衬砌位移计算结果 ··············· 119
 4.10.4 地震波作用下隧道洞口衬砌内力计算结果 ··············· 122
4.11 本章小结 ··· 128

第5章 双洞山岭隧道抗减震模型试验 ································· 130
5.1 模型试验相似关系及相似参数设计 ································· 130

         5.1.1 相似准则的推导 …………………………………… 131
         5.1.2 相似参数的确定 …………………………………… 133
    5.2 模型试验材料的配制 …………………………………………… 135
         5.2.1 围岩相似材料的配比及制备方法 …………………… 135
         5.2.2 衬砌相似材料的配比与预制方法 …………………… 138
    5.3 模型试验振动台设置 …………………………………………… 140
    5.4 模型箱的设计 …………………………………………………… 142
    5.5 模型试验量测系统 ……………………………………………… 143
    5.6 模型试验方案 …………………………………………………… 145
    5.7 模型试验结果及分析 …………………………………………… 147
         5.7.1 单洞隧道洞口段地震响应分析 ……………………… 147
         5.7.2 单洞隧道洞身段地震响应分析（含断层，无减震层） …… 149
         5.7.3 单洞隧道洞身段地震响应分析（设置减震层） ……… 155
         5.7.4 双洞隧道洞口段地震响应分析（无减震措施） ……… 160
         5.7.5 双洞隧道洞口地震响应分析（加减震层） ………… 166
    5.8 本章小结 ………………………………………………………… 172
第6章 研究结论和展望 ………………………………………………… 173
    6.1 研究结论 ………………………………………………………… 173
    6.2 展望 ……………………………………………………………… 174
参考文献 …………………………………………………………………… 175

第1章 绪　论

1.1　选题背景

"十三五"是我国交通运输发展支撑全面建成小康社会的攻坚期、优化网络布局的关键期和提质增效升级的转型期。在此期间，国家继续大力推进铁路和公路网建设和城市市政工程及轨道交通工程建设。根据国务院2017年印发的《"十三五"现代综合交通运输体系发展规划》，"十三五"期间交通运输部规划新建铁路里程为2.9万km，其中高速铁路1.1万km；新建公路里程42万km，其中高速公路2.6万km；新建城市轨道交通工程2700km。随着我国交通基础设施的飞速发展，大量的铁路、公路隧道以及城市地铁相继修建，且多为由两个洞室组成的大型洞室群。

以往人们普遍认为，地下结构具有较好的抗震性，而随着地震的频繁发生，有些强震对地下结构造成了强烈的破坏[1-13]，如1995年的神户地震对地铁车站造成了较大的破坏；还有2008年5月的四川汶川地震造成宝成线109隧道洞口塌方，使得宝成铁路中断，造成了巨大的损失。然而，国内外现有抗震规范关于地下洞室等地下结构的条文都十分简略[14-16]，难以适应高烈度地震区地下洞室的建设发展，因此，对高烈度区地下结构的地震动力响应研究显得十分必要。

雅安-泸沽高速公路为"7918"国家高速公路网北京—昆明、西部通道兰州—磨憨公路的一段，也是四川通往云南的主要通道，它以成雅高速公路止点K140+340为起点，以泸黄高速公路起点K2725+000为终点，线路长度为240.378km，设计行车速度为80km/h。雅泸高速公路位于中国典型的川滇南北构造体系北段以及青藏高原川滇缅印尼歹字型地质构造体系中段的复合部位，同时位于我国南北地震带中段，地段内的挤压褶皱和活动断裂分布广泛，是我国典型的比较活跃的地震带之一。雅安—泸沽高速公路多次跨越地震活跃断层，地震设防烈度最低7度，最高达到9度，地震动峰值加速度最低为$0.15g$，最高达到$0.4g$。线路设计地震动参数在当前国内新建高速公路中较高，高速公路设计有石棉、徐店子、大宝山、扯羊、勒不果喇吉等多座隧道，皆位于高烈度地震区。因此，积极开展高烈度区隧道地下结构抗震减震关键技术研究，具有优化线路设计、减灾防灾、保障安全的效果，同时可以实现隧道结构抗震理论研究相关知识的积累，具有比较重大的工程指导意义。

目前，我国对山岭隧道结构的抗震减震研究仍然很不充分，其中针对双洞山岭隧道的研究更少。本书涉及的山岭隧道抗震减震研究项目，以雅泸高速勒不果喇吉隧道、大宝山隧道洞口段等双洞隧道为背景，对双洞山岭隧道的地震响应情况进行系统分析，研究手段包括波动理论分析、三维数值分析和模型试验以及震害调查。研究结果对于高烈度区双洞山岭隧道的抗震和减震研究，具有一定的参考价值和指导意义。

1.2 隧道震害形式及其影响因素分析

地震后在岩层中行进的波主要包括体波和面波两大类[17,18]。其中，体波又包括纵波和横波，纵波也叫拉伸波，横波也称为剪切波。一般情况下，地层中传播的剪切波振幅大于拉伸波，且剪切波包含的能量也大于拉伸波。面波属于体波的次生波，主要在地表层附近传播，其振幅较大且衰减较慢。其中以瑞利波与拉富波为代表。从导致隧道结构破坏的角度来看，剪切波对隧道地下结构的危害最大，其次是面波中的瑞利波。

地震波作用下，隧道结构内会产生拉应变和压应变的循环变化，可以加速结构的变形和破坏，甚至导致结构开裂或者坍塌破坏。

1.2.1 隧道结构震害实例

历史上，世界各国曾经发生过许多地震，对房屋桥梁等工程结构造成了一定损伤，但由于隧道修建的历史较晚，关于隧道的震害资料大多是 20 世纪以来的资料，这是研究隧道地下结构震害机理的重要手段和方法。以下是 20 世纪以来的部分隧道典型震害实例[1-10]。

1906 年美国旧金山发生了 7.8 级地震。地震中隧道震害包括：圣安得列斯水坝集水隧洞震害严重，部分洞体向北偏移 2.4m，砖结构洞门也严重损坏。圣可卢思山一座铁路隧道（1890m 长）发生了扭曲变形。赖特 1 号隧道发生拱顶及边墙塌方、轨道扭曲以及枕木断裂等震害，部分隧道发生 1.37m 的水平错位。

1923 年日本东京发生了 7.9 级地震。距离震中较近的 25 座铁路隧道震害较为严重，其中 14 座隧道洞身受损。这些隧道并未处于断层地带，其破坏形式以洞门开裂、拱部边墙坍塌和衬砌变形开裂为主。地震中震害比较严重的是长阪山隧道，发生比较严重的衬砌移位和破裂，局部拱墙错位达到 25cm。

1952年美国加州克恩郡发生了 7.6 级地震，南太平洋铁路有 4 座位于白狼断层带的隧道在地震中损伤严重。其中 3 号隧道埋深 46m，隧道边墙衬砌在地震中破碎，另有局部边墙错位严重，部分钢轨扭曲变形。4 号隧道埋深 38m，边墙横向发生错动最多达到 50cm。5 号隧道埋深 69m，隧道内地面开裂严重，部分拱顶坍塌并导致泥石流进入隧道。6 号隧道埋深 15m，地震中隧道衬砌出现大面积开裂剥落。

1976年我国唐山发生了 7.8 级地震，地震导致附近的煤矿巷道和地下人防工程损坏严重，部分地下人行通道发生剪断破坏。

1978年日本伊豆半岛发生了 7.0 级地震，导致当地 9 条交通隧道受到一定损坏。其中，Inatori 隧道发生了断层破坏，隧道仰拱及洞身衬砌开裂严重，隧道拱顶混凝土断裂塌方，部分衬砌内的钢筋被拉断，隧道横断面变形严重，导致隧道净宽减少了 0.5m。

1995年日本关西地区发生了 7.2 级地震。震中附近共有 100 多座隧道地下结构产生了一定的震害。其中神户地铁大开站和止泽站破坏较为严重。两个车站均有中柱混凝土出现开裂倒塌、顶板断裂等现象。大开站地面的国道路面下沉最大达3～4m，且地表开裂严重。山阳新干线两侧的六甲隧道位于六甲活断层，其隧道震害也较为严重，隧道衬砌开裂严重。地铁区间隧道的破坏形式以裂缝为主，其中多为拱墙结合处的轴向弯曲裂缝，伴随混凝土脱落，钢筋外露以及竖向裂缝等。

1999年中国台湾集集发生了 7.3 级地震。通过对附近 57 座隧道的震害调查表明：发生比较明显震害的有 49 座隧道，包括衬砌混凝土掉落、钢筋弯曲变形等。受到震害影响的隧道中严重受损者占 25%，中等受损者占 20%，轻微受损者占 55%。

1.2.2 汶川地震隧道震害分析

2008年5月12日，四川汶川发生了 8.0 级特大地震，致使多条交通干线，包括宝成铁路及都汶公路上大量隧道震害严重，震害形式包括：衬砌开裂变形，隧道塌方以及洞口仰坡塌方等，导致生命线交通情况一度瘫痪[11-13]。

宝成铁路宝鸡到广元段共有 323 座隧道，其中 31 座隧道在地震中受到不同程度的损坏，发生震害的比例为 9.6%，其中洞口边仰坡落石 10 座；洞门结构损坏 4 座；棚洞损坏 2 座；明洞砸坏 2 座；衬砌开裂、漏水剥落 13 座。

都汶公路许多隧道在地震中严重受损，其中龙溪隧道震害最为严重，隧道中已经建成的两千多米混凝土衬砌大面积破碎、开裂，隧道路面也出现挤压变形，整座隧道被连续的大塌方截断为五部分，隧道工程损毁率高达 80%。

图 1-1～图 1-7 为汶川地震中都汶公路部分隧道震害的现场调查情况。

图 1-1　白云顶隧道初期支护开裂

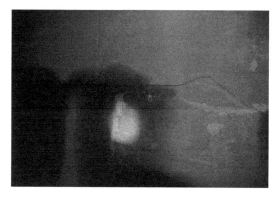

图 1-2　马鞍石隧道衬砌地震裂缝渗水

 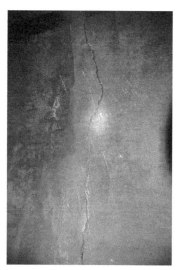

(a) 烧火坪隧道　　　　　　　　(b) 友谊隧道

图 1-3　隧道衬砌裂缝

(a) 端墙损坏　　　　　　　　　　　　　(b) 衬砌开裂

图 1-4　毛家湾隧道

图 1-5　桃关隧道端墙断裂

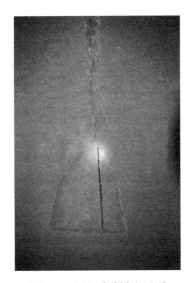

图 1-6　友谊隧道衬砌开裂

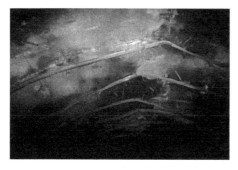

(a) 钢拱架变形

(b) 衬砌塌方

(c) 衬砌开裂

(d) 路面错台

图 1-7 龙溪隧道震害

都江堰至汶川公路的隧道结构典型震害调查统计情况如表 1-1 所示。

都江堰至汶川公路隧道震害调查　　　　表 1-1

序号	隧道名称	主要围岩级别	震害特征	震害程度	震中距(km)
1	龙洞子隧道（双洞）	Ⅳ、Ⅴ级	左右两个隧道均出现混凝土衬砌局部垮塌和路面隆起两处，每处坍塌纵向长度约 20～35m。衬砌多处被裂，横向、斜向和环向裂缝均有发生，裂缝宽度 10～20mm。隧道施工缝大部分也出现开裂现象，缝宽 5～15mm	严重受损	2
2	龙溪隧道（双洞）	Ⅲ、Ⅳ、Ⅴ级	进口端靠近洞口段出现 5 处隧道坍塌并封闭隧道，多处二次衬砌混凝土出现地震塌方，出口端衬砌呈现环向剪胀破碎现象。隧道二次衬砌裂缝大面积出现，施工缝普遍出现张开和错台现象，衬砌钢筋出现剪切-扭曲破坏，初期支护工字钢钢架出现扭曲变形。仰拱和隧道底板多处隆起并发生纵向和横向张裂，路面最大隆起高度达 1.2m。洞身结构整体破坏极严重	严重受损	3.6

续表

序号	隧道名称	主要围岩级别	震害特征	震害程度	震中距(km)
3	紫坪铺隧道（双洞）	Ⅲ、Ⅳ级	隧道衬砌出现多处地震裂缝，多为横向和环向裂缝，裂缝宽度约10～20mm，也有少量纵横交叉裂缝。隧道施工缝大多开裂，缝宽5～30mm。左、右洞隧道仰拱及底板多处开裂和错台，错台最大长度达60m，底板隆起高度约60cm。隧道出口端存在大量积水现象	严重受损	7
4	烧火坪隧道	Ⅲ、Ⅳ、Ⅴ级	隧道仰拱出现横向断裂和隆起破坏。二次衬砌混凝土有开裂（部分段渗水）、掉块、钢筋扭曲等现象，裂缝宽约0.1～30mm。衬砌混凝土局部碎裂掉块，出现网状裂缝，衬砌防火涂料存在大面积脱落现象。隧道施工缝大多开裂且有错台	严重受损	1.5
5	龙池隧道	Ⅲ、Ⅳ、Ⅴ级	隧道底板有底鼓、开裂、衬砌移位，隧道附属结构有破坏和渗水现象	中度受损	3.3
6	彻底关隧道	Ⅲ、Ⅳ级	隧道震害主要集中于隧道进口60m范围内：二次衬砌沿施工缝有环向开裂现象。洞口拱脚处有纵向裂缝（延伸长度4m）。仰拱与电缆沟有断裂破坏（最大达30cm），部分水沟盖板断裂	中度受损	47
7	福堂坝隧道	Ⅱ、Ⅲ、Ⅳ级	隧道进口30m范围：两侧二次衬砌边墙部位出现斜向45°裂缝，裂缝宽度大约6mm。隧道洞身段有渗水现象，其中6处部位有滴水和淋水现象，尤其是K46+490处隧道两侧施工缝拱部出现较为严重的淋水现象	中度受损	47
8	白云顶隧道	Ⅳ、Ⅴ级	距离映秀端洞口60m处隧道衬砌出现严重破坏，长度达20m，二次衬砌错台最大可达40cm，衬砌内环向钢筋向外凸起破坏、局部衬砌垮塌。隧道底板破损，且出现较多开裂破坏，底板错台最大高差达20cm	中度受损	50
9	桃关隧道	Ⅲ、Ⅳ级	洞口处高陡斜坡出现崩塌且堵塞隧道内侧（仅能通过行人），隧道端墙有断裂破坏，帽石被砸坏。洞口段施工缝出现开裂，衬砌防火涂料有脱落现象	中度受损	51
10	友谊隧道	Ⅳ、Ⅴ级	隧道施工缝全部出现开裂，隧道底板开裂严重，仰拱普遍有隆起现象。隧道衬砌大面积破坏，衬砌拱墙交接处环向钢筋弯曲外凸，衬砌混凝土破碎掉块且局部垮塌。隧道洞内出现两段大范围衬砌塌方。隧道路面出现贯通性裂缝，且布满整个路面，裂缝最宽达到2cm	中度受损	52
11	马鞍石隧道	Ⅲ、Ⅳ、Ⅴ级	隧道路面开裂，衬砌出现结构性裂缝且有破碎掉块现象，局部钢筋外露扭曲，部分衬砌出现开裂且有渗水现象，隧道洞身结构破坏严重。隧道电缆沟与水沟多处损坏并与衬砌裂缝在环向形成贯通。隧道路面有隆起和沉陷现象并在局部形成坑槽，最深达4cm	中度受损	55

续表

序号	隧道名称	主要围岩级别	震害特征	震害程度	震中距(km)
12	福堂隧道	Ⅱ、Ⅲ级	隧道端墙出现破损和崩落现象,部分帽石被砸坏。隧道洞身结构基本完好	轻微受损	45
13	草坡隧道	Ⅱ、Ⅲ、Ⅳ级	隧道洞口边坡崩塌砸坏洞门外侧帽石,洞顶堆积崩塌物。隧道边墙局部出现轻微渗水现象	轻微受损	55
14	单坎梁子隧道	Ⅱ、Ⅲ级	隧道洞门端墙、拱圈及翼墙有开裂现象,衬砌涂料存在脱落情况,隧道排水沟局部有破坏现象	轻微受损	67

1.2.3 隧道地震破坏的主要形式

1. 衬砌的剪切移位[19]

地质断层破碎带内的隧道衬砌易发生剪切移位。如图 1-8 所示,地质断层推动的力量远超隧道衬砌的抗力,这样的破坏很难阻止。

2. 边坡破坏造成隧道结构破坏

对于一些傍山偏压隧道,地震中衬砌本身可能没有损坏,但由于边坡的塌方造成隧道衬砌破坏,如图 1-9 所示。

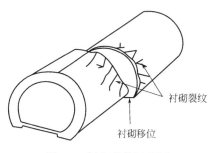

图 1-8 衬砌的剪切破坏

图 1-9 滑坡造成的隧道破坏

3. 衬砌破坏

由于衬砌属于刚性支护,抗弯抗剪能力较低,地震中比较容易发生开裂破坏,在高烈度地区甚至会导致衬砌塌方。其开裂破坏主要有纵向裂损、横向裂损、斜向裂损等多种形式。图 1-10～图 1-13 为汶川地震中龙溪隧道衬砌的开裂和塌方的不同破坏形式。

4. 边墙破坏

如图 1-14 所示为典型的边墙地震挤压变形造成的边墙衬砌的塌方破坏。

5. 隧道洞口塌方

这也是一种常见的隧道震害,隧道洞身主体结构抗震能力较强,其在地震中

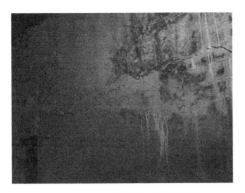
图 1-10 龙溪隧道的纵向裂损

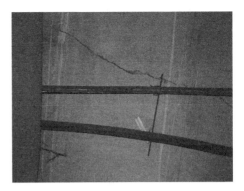
图 1-11 龙溪隧道的横向裂损

图 1-12 龙溪隧道的斜向裂损

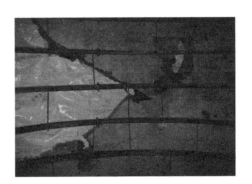
图 1-13 龙溪隧道的衬砌塌方

图 1-14 龙溪隧道的边墙衬砌破坏

一般为开裂或变形，较少有隧道洞身结构大面积塌方的震害，但隧道洞口由于受围岩约束作用较小，一般为浅埋且围岩风化破碎，比较容易发生衬砌开裂或洞口塌方，并堵塞隧道洞口，造成交通瘫痪，如图 1-15 所示为汶川地震中公路隧道洞口段的典型破坏形式。

图 1-15　隧道洞口破坏形式

1.2.4　隧道震害的影响因素分析

影响隧道震害的因素很多，在此仅列举以下几种主要因素进行简要分析。

1. 地震震级及烈度的影响

地震震级用来表征地震释放能量的大小，地震烈度是与地震震级、震中距以及场地条件等因素相关的综合性地震破坏参数。一般来说，震级越大，震中距越小，震源越浅，地震烈度就越大，相应的隧道震害就越严重。

Sunil Sharma[4] 在 1992 年进行的隧道震害调查表明：导致隧道结构地震损伤的多是 7 级以上的地震，而且震级越大，隧道受到的破坏程度也就越大；其中有 71% 的隧道震害震中距小于 25km，将近 75% 的震中距在 50km 以内。

2. 埋深的影响

埋深越小，隧道结构受到周围岩土体的约束作用就越小，因此，其受到的震害就越强烈。这与 Sunil Sharma[4] 的研究相吻合，Sunil Sharma 统计了 192 例隧道结构的震害，发现隧道震害大多发生在埋深 100m 以内，而埋深在 50m 内的隧道震害最为严重，埋深超过 100m 后，隧道震害则明显较轻。

3. 地层岩性及地质条件的影响

Sunil Sharma[4] 统计了沉积岩、火成岩、变质岩和松散堆积物等不同岩石类型的隧道破坏。在以往的隧道震害中，卵砾石隧道遭地震破坏的比例为 79%，占全部隧道震害的 12%；沉积岩隧道遭地震损害的比例为 73%，占全部隧道震害的 12%；火成岩隧道遭地震损害的比例为 42%，占全部隧道震害的 16%；变质岩隧道遭地震损害的比例为 11%，占全部隧道震害的 1%。

由以上统计结果可知：松散堆积物和沉积岩隧道的震害相对比较严重，其原因主要是两者对隧道结构的约束力较其他岩层弱一些。因此，密实坚硬且整体性好的围岩对隧道的抗震是有利的。

4. 地下结构模式的影响

对于隧道静力承载性能，隧道衬砌的强度和刚度偏大一点，可以提高隧道结构的承载性能和安全性，但对于隧道的地震动力响应，不完全等同于静力荷载作用。Dowding 等[1-2]通过对 71 座铁路隧道和水工隧道的震害统计进行分析，发现隧道衬砌厚度较大的结构损坏的百分率反而大于衬砌厚度较小的结构，其中厚 40cm 的结构损害百分率为 82%，厚 30cm 的结构损害百分率为 38%，厚 20cm 的结构损害百分率为 16%。由此可知，在地震动力作用下，隧道的衬砌刚度并非越大越好。在一定条件下，刚度过高的衬砌也是导致隧道震害的原因之一。

1.3 隧道抗减震问题的国内外研究现状

1.3.1 国外研究现状

国外对于隧道地下抗减震问题的研究起步相对较早。日本的大森房吉早在 20 世纪初就提出了以静力理论为基础的地震系数法来计算地面结构的地震作用，之后被推广到地下结构，该方法的优点就是简单方便，且经受过一般地震的考验，不少国家的结构抗震规范中都曾采用过该方法[20,21]。苏联学者福季耶娃在 20 世纪 60 年代初采用波动拟静力理论将地震作用引起隧道围岩中的应力和衬砌内力简化为孔口周围应力集中的线弹性问题。苏联在修建贝—阿干线铁路隧道时已经考虑到了隧道衬砌的抗震设计[22,23]。美国旧金山海湾地区 20 世纪 60 年代末建设快速地铁运输系统时，提出了 BART 抗震设计法，认为地下结构并不抵御惯性力而是具有吸收强变形的延性[21,24]。20 世纪 70 年代，日本学者从地震震害统计中进行研究，提出了适用于地下线状结构抗震分析的反应位移法，同时结合波动分析理论，提出了两种实用分析方法：围岩应变传递法和地基抗力系数法[24,25]。美国学者 Schukla[26]（1980）应用弹性地基梁理论，将土体与结构的相互作用看成拟静力问题，并建立相应的数学模型，即 Schukla 法，可以大大简化地下结构的抗震设计。Dasgupta[27]（1982）提出用递推衍射法进行抗震设计，可用有限元的方法求取边界阻抗，其核心思想是将无限域离散化。Song 和 Wolf[28-30]（1994，2000）则将递推衍射法进一步发展并完善。St.John[31]（1987）利用柔度比的概念来研究土与结构的相互作用，并获得柔性衬砌和刚性衬砌在地震作用下的计算公式，即 St.John 法。

1.3.2 国内研究现状

我国隧道抗震有关的研究相对较晚。在 20 世纪 50 年代，铁道部门借鉴国外研究成果和抗震规范制定了《铁路工程抗震设计规范》[24]。林皋等[32-34]（1990，1996）系统阐述了地下结构抗震的基本研究方法和抗震设计。邵根大等[35]（1992）对强地震作用下铁路隧道衬砌耐震性进行了研究。王志杰等[36]（1996）以隧道洞口段为研究对象，从隔震角度出发提出了地下结构减震模式的基本思想，并根据模型试验和数值分析的结果论述了技术上的可行性，其结果可供高烈度区隧道和地下工程抗震设计参考。周德培[37]（1998）通过南昆线乐善村2号和草庵两座隧道的模型试验结果，对强震区隧道洞口段的动力特性进行分析，指出了隧道洞口段的抗震薄弱部位。王明年等[38-40]（1999，2000）采用波动分析和振动理论等多种手段，对高地震区地下结构减震原理进行了论述，提出了地下结构减震设计的途径。高峰等[41]（2001）对深圳地铁的3种典型断面运用Newmark隐式时间积分法进行了地震反应分析，确定了在地震荷载作用下地下结构衬砌的薄弱部位及其相应的位移和应力。陈健云等[42-44]（2001，2002，2003）采用阻尼影响抽取法分析了地下结构无限围岩介质的动力刚度特性并建立了岩石地下结构抗震分析模型，研究了地震动输入机制、围岩动刚度及结构特性等因素对地下结构地震响应的影响并总结了大型地下结构的三维地震响应特点。严松宏等[45]（2003）建立了沉管隧道地震反应分析的数学模型，分析计算了管段刚性连接、铰接和弹性连接三种情况下隧道接头的动力性能并分析了地基动弹模、地基抗力系数的变化对管段接头力学性能的影响。严松宏等[46-48]（2004，2005）从有限元动力分析的基本原理出发，利用脉冲响应函数和傅立叶变换原理，研究了将地震作用作为非平稳随机过程时地下结构随机地震响应分析方法，导出了非平稳随机地震加速度作用下地下结构动力响应的数字特征计算表达式。蒋建群等[49,50]（2005）采用土-结构相互作用的动力有限元法，引入无长度的3自由度弹簧单元模拟纵向螺栓接头，分析了行波波长、地基刚度与阻尼对盾构隧道纵向地震响应的影响。高峰等[51,52]（2005，2006）研究了在隧道中设置减震层和注浆加固一定范围内围岩这两种方法的减震效果、适用条件及其减震机理，并分析了隧道洞口段衬砌应力和位移沿隧道轴线方向的变化规律以及采取注浆加固围岩方法的减震效果。李育枢等[53,54]（2006）用动力有限元法研究了偏压隧道洞口横向边坡在水平、垂直方向地震以及水平和垂直方向地震同时作用下的全时程动力反应规律。刘晶波等[55,56]（2006，2007）系统研究了地铁地下结构抗震分析和设计中的几个关键问题，提出了地铁地下结构的抗震构造措施和适用于地铁等地下结构抗震分析与设计的静力弹塑性方法。周健等[57,58]（2007）将动力有限元法和梁-弹簧结合起来，分析了盾构隧道横断面的地震响应，研究了不同接头形式和参数对结构受力和变形的影响规律以及地基的加固减震效果。张栋梁等[59]（2008）基于拟静力假定，采用平面弹性理论的复变函数方法，推导出地震中自由场土体剪应变最大时刻土-结构间不滑移和完全滑移两种接触条件下，圆形衬砌动内力的解析解，并与数值算例进行了对比。汪树华等[60]（2013）采用二维有限元模型，利用时程分析法对山岭隧道地震响应进行分析，得到衬砌断面加速度、竖向位移、应力的分布规律，明确了隧道衬砌的抗震关键部位和薄弱环节。耿萍等[61]（2014）通过数值分析和模型试验相结合的方法，研究穿越断层破碎带隧道在地震作用下沿纵向的动力响应。朱正国等[62]（2014）以高烈度活断层地区的敦煌—格尔木铁路阔克萨隧道为基础，采用地震动力仿真分析法，探讨不同类型隧道结构的抗震机理与效果。江学良等[63]（2017）基于相似理论设计并完成了浅埋偏压小净距隧道大型振动台模型实验，研究了小净距隧道在多种工况下的隧道衬砌加速度和动应变响应规律。王泽军等[64]（2018）依托老鹰窝隧道工程洞口段，利用FLAC3D进行三维动力响应分析，对不同种类的围岩注浆抗震措施作用效果进行了对比研究。申玉生等[65]（2018）基于成兰铁路隧道工程，对洞口段软硬交界面隧道动力响应规律及其抗震设防措施进行研究，得出双线铁路隧道洞口段穿越软硬交界面时的动力响应规律。刘晶波等[66]（2018）针对非一致地震作用下的隧道纵向响应，采用结构横断面地震整体式反应位移法基本原理，提出了进行隧道结构纵向地震反应分析的整体式反应位移法。崔光耀等[67]（2018）以白云顶隧道为研究背景，利用大型振动台试验对隧道软岩洞口段采用结构加强并施设减震层的刚柔并济抗减震措施进行模型试验研究，结果表明这种减震措施效果较好。王秋懿等[68]（2019）基于Hilber-Hughes-Taylor时间积分法及等效黏弹性单元动力边界条件，从工程设计受力的角度对公路隧道的抗震措施，进行了具体抗震计算和分析，得到了四种抗震措施的实际抗震效果及其优缺点。禹海涛等[69]（2019）针对地下结构抗震分析中应用广泛的波动分析与振动分析进行对比研究，结果表明应根据具体场地条件，分别选择振动或波动分析进行地下结构抗震设计研究。刘国庆等[70]（2019）通过引入增量动力分析（IDA），结合地震易损性分析方法，考虑地震动的随机性，提出基于损伤系数指标的隧洞结构抗震性能评估方法。

1.4 隧道及地下结构抗震问题的研究方法

隧道及地下结构抗震问题的基本研究途径主要包括三大类：原型观测、理论分析和试验研究。

1.4.1 原型观测

原型观测是通过隧道及地下结构在震后的变形破坏特征和实测的动力特性来了解其地震响应特点。地震时原位现场资料的采集是隧道结构抗震研究中必不可少的手段之一，它主要包括震害调查和地震量测两大类。

震害调查是在地震结束后进行的，其受观测时间、手段和条件的限制。但震害是最真实的"原型试验"结果，许多研究人员通过地震后隧道和地下结构的震害调查，对地震的动力作用规律进行了分析和总结。如 Dowdings 等[1]（1978）根据71座隧道震害资料，得出了隧道震害与结构形式等因素的关系曲线。2008年的汶川地震后，李天斌[13]（2008）通过对都汶高速公路隧道震害的现场调查，总结了山岭隧道的震害特点，朱永全[11]（2008）调查了宝成铁路109号隧道的震害情况并提出了合理的加固方案。路仕洋[12]（2008）对宝成铁路宝鸡至广元段323座隧道进行现场调查并归纳了铁路隧道震害的典型破坏形式。

为了对隧道结构的动力响应过程进行有目的、多角度的研究，需要借助现场的地震量测数据。地震量测主要是通过实测发生地震时地下结构的动力特性，进一步了解地下结构的地震反应，对隧道结构的动力响应过程进行有目的、多角度的研究。1970年，日本首先利用松花群发地震，测定了地下管线动态应变，通过研究发现地下管线和周围地基一起振动，而地下结构本身并不发生振动。随后，人们又对其他地下结构进行了大量的地震量测，掌握了地下结构的动力特性，由此得出了影响地下结构地震反应的因素是地基变形，而不是地下结构的惯性力的结论[71]。

在前人积累的资料基础上[1-13,71-81]，可以总结出地下结构地震响应的基本规律为：

（1）埋深越大的地下结构，在地震中受到的破坏程度一般越轻。

（2）土质隧道比岩石隧道在地震中更容易遭到破坏，对于岩石介质中的隧道，提高衬砌和围岩的整体性可以有效提高隧道的抗震能力。

（3）如果只是加大衬砌的厚度和刚性，而不对周围软弱围岩进行加强，将会导致衬砌中产生过大的地震内力。

（4）地震中强震的持续时间对于地下结构的破坏程度有着非常大的影响，因为长时间的强震可能引起结构的疲劳破坏以及周围土介质的大变形。

（5）岩石和混凝土在地震中的剥裂现象一般认为是由于地震波中的高频成分引起的。由于高频成分随着地震波的传播会较快地被岩土介质所吸收，所以仅对震中距很小的范围内有显著的影响。

（6）地下隧道在洞口处往往遭到较严重的破坏。

1.4.2 理论分析

隧道及地下结构抗震理论的具体计算方法很多，但实质上可分为两类：一类是以求解波动方程为基础的波动分析法；另一类就是以求解结构运动方程为基础的相互作用分析法（即结构动力学方法）[32]。

1. 波动法

波动法以求解波动方程为基础，把地下结构视为无限弹性或弹塑性介质中孔洞的加固区，将整个系统（包括介质与结构）作为对象求解其波动场与应力场。因实际地层构成十分复杂，地震波在近地表面时构成十分复杂的波动场，为了解决计算上的困难，可以进行一些必要的简化，如假定介质为均匀的（弹性的或黏弹性的）、波形单一且入射波为平面波等。

Pao 和 Mow[82]（1973）首先采用波函数展开法研究了无限空间中单个洞室在弹性波入射下的动应力集中问题。随后，Lee、Datta 和 Shah 等[83-85]（1979，1982）将解答推广到半空间，研究了半无限空间中 SH 波入射下洞室附近和地表位移变化以及洞室应力的分布规律。Balendra 和 David 等[86]（1984）采用镜像法研究了半空间中不同间距下的衬砌双洞室在 SH 波作用下的动力响应，发现两个洞室之间存在相互作用，可以增强双洞室的动力反应。Wong 和 Shah 等[87]（1985）研究了半无限空间中 P 波、SV 波和 Rayleigh 波入射下圆形洞室对地表位移的影响，并采用有限元和特征函数展开法结合的方法研究了椭圆形洞室对地表位移的影响。Lee 和 Davis 等[88-90]（1989，1992，2001）采用大半径圆弧通过傅立叶-贝塞尔函数级数展开法得到半无限空间中洞室在 SV 波入射下对地表位移和洞室动应力影响的级数解析解。Cao 和 Lee 等[91,92]（1990，1993）采用傅立叶-贝塞尔函数级数展开法得到了半无限空间中洞室在 P 波入射下的级数解析解。Luco 和 Barros[93,94]（1990，1994）采用基于二维格林函数的间接边界积分法研究了黏弹性半空间中无衬砌洞室在弹性波作用下的动应力问题及对地表位移的影响。国内刘殿魁[95,96]（2002）等用格林函数和复变函数的方法研究了半无限弹性空间浅埋圆形衬砌洞室在 SH 波入射下的动应力。梁建文等[97,98]（2002）用波函数展开法研究了 P 波和 SV 波入射下半无限空间双洞室的动应力的分布。

由于一般洞室尺寸远小于地震波波长，洞室的存在对波动场扰动的影响可以忽略不计。如果洞室埋深比较大，就可以将问题简化为无限介质中的孔洞这样一个接触问题，可用拟静力学方法求解，如常用的福季耶娃法等[23]。这是一种简化的实用抗震波动计算法。

边界的正确处理是保证波动解法的数值分析精度的关键，一般需要在模型外边界施加各种人工透射边界以解决能量向无穷远处辐射的问题。为了尽量减小模型边界上的反射波对结构动力响应的影响，可以将模型边界范围取得很大，但这样造成计算量特别大以至很难实现。为了缩小模型的计算范围，可以采用能量传递边界，即人工边界的方法，使其能够有效地模拟无限地基中波向无限远的散逸，常用的人工边界有黏性边界、透射边界、黏弹性边界等[99-101]。

波动解析法一般应用于平面问题分析。在波动的频率较高以及地震波的传播受到较多干扰的情况下，或者地层岩性复杂而不能用弹性来近似表达的情况下，其应用受到一定的限制，但波动解析法在问题本质分析方面有着数值模拟等其他方法不可替代的作用，且可用来检验其他算法的准确性。

2. 相互作用法

相互作用法本质上是一种结构动力学的方法，与波动解法中把介质与结构作为一个整体以求解其波动场不同，它以地下结构为主体求解其地震运动，将周围岩土介质的作用等效为弹簧和阻尼罐，通过相互作用力施加于结构之上[32]。该方法的基本假定是结构的存在不对周围介质的波动场发生扰动，模型试验和实际观测都表明，对大多数地下结构来说，这一假定是可以成立的。从而可将问题的求解分为两个基本步骤：(1) 求解介质中自由场的地震运动，这时可以不考虑结构的存在，这一步实质上属于波动理论的范畴。(2) 根据结构所在部位地基的运动求解结构本身的运动。在这一步中，重要的是求得介质对结构运动产生的相互作用力，也就是求得地基介质的复阻抗（弹性常数和阻尼常数），这是相互作用法的重点和难点。求得周围岩土介质的阻抗之后，结构部分的动力分析可以用有限元法完成。

要确定地下结构周围岩土介质的动力阻抗矩阵十分困难，一般需要借助数值手段，通常采用有限元法、边界元法、解析法或半解析法等耦合求解。由于围岩介质对结构的动力影响在时间与空间上都是耦合的，精确求解地下结构的地震响应具有一定的难度，时域求解比较复杂且求解代价很大[102,103]。

1.4.3 试验研究

震害调查和地震量测一般只能对地震后的结果或地震过程中的动力响应进行观测，无法控制地震波的输入机制和边界条件，也无法主动改变各种因素以对某一现象进行有目的、多角度地研究，试验研究则能弥补这一不足。振动台模型试验能够较方便地进行材料选取和配比，而且能够很好地再现地震过程和进行人工地震波的试验，它是在实验室中研究隧道结构地震反应和破坏机理的最直接方法，能直观地把握隧道及地下结构物的地震响应特性，还可以用于研究结构动力特性、设备抗震性能及检验结构抗减震措施等内容，因此得以广泛应用，是目前抗震研究中的重要手段之一。

S. Okamoto 等[104]（1973）曾用硅橡胶作为模型材料对沉埋隧道在地震时的反应进行振动台模型试验，采用模型的比例为 1：250。Yakovlevich 等[105]（1978）利用模型试验研究了隧道土体密度和含水率对隧道地震响应的影响。Goto 等[106]（1988）用振动台模型试验研究了两个平行盾构隧道之间的距离对地震响应的影响。徐志英和施善云[107]（1993）在大型振动台上进行了土-地下结构动力相互作用的试验，地下结构的断面形式采用方形。周德培[37]（1998）对南昆铁路乐善村二号和草庵两座浅埋隧道洞口段进行了模型试验并研究了其动力特性,指出了洞口段的抗震薄弱部位。杨林德、季倩倩等[108-111](2002,2003,2007)采用振动台模型试验研究了软土地带地铁车站结构的抗震性能并采用和数值模拟相比较的方法研究了地铁车站结构及接头的动力响应规律。李育枢等[112](2009)对黄草坪2号隧道洞口段进行了减震模型试验,发现隧道模型洞口内48~60m后,隧道地震响应趋于稳定,该范围是隧道洞口段抗震设防重点范围。蒋树屏等[113](2011)对嘎隆拉隧道洞口段进行了振动台试验研究,得出了地震作用下,隧道结构与岩土为同步振动,地震惯性力对隧道地震反应作用较小的结论,因此隧道地下结构抗震关键为隧道岩土体的稳定。陶连金等[114](2016)对软弱围岩中的山岭隧道洞口段动力模型进行试验研究,试验表明除了隧道衬砌结构之外,洞口仰坡也是隧道抗震的薄弱环节。

1.5 本书主要研究内容

我国位于典型的欧亚地震带上,属于地震比较活跃地区。随着我国交通基础设施的进一步发展,隧道结构日益增多,其中会有更多的隧道位于高烈度地震区。目前,国内隧道工程的抗减震技术研究多限于震害调查、地震观测和经验公式,系统的模型试验和理论研究比较缺乏,而当前数值分析在隧道抗减震研究中相对比较活跃,但由于受计算机和分析软件等多种因素的限制,其计算分析结果尚有许多商榷之处,亟需进一步加强相关的研究工作。本书主要针对双洞山岭隧道的抗减震问题进行系统分析,主要研究内容和思路如下:

1. 双洞山岭隧道的抗震计算波动解法

理论研究是隧道及地下结构抗减震研究必不可少的环节,有助于我们更深刻地认识隧道结构的地震响应的本质和规律,对于数值模拟计算和模型实验分析具有重要的指导意义。本书在总结前人研究的基础上,对双洞山岭隧道的波动解析计算进行探讨,利用大半径圆弧假设,采用波函数展开法,得到半无限空间中地下衬砌双洞室的动应力级数解,并获得其在弹性P波和SV波作用下的动力响应规律。

2. 双洞山岭隧道地震动力响应的数值模拟研究

数值模拟是隧道及地下结构抗震研究的一种强有力的手段,该方法可以适用于各种复杂的工况,而且能较好地反映各种复杂的材料特性。本书主要以雅泸高速公路勒不果喇吉隧道和大宝山隧道洞口为原型,分多种工况建立数值计算模型,用有限差分软件FLAC3D对山岭隧道的洞身段和洞口段的地震动力响应进行深入、系统地研究。研究内容主要包括:

(1)隧道地震动力数值模拟分析的几个关键问题研究

本书主要针对地震积分位移时程漂移、地震波的滤波和校正、模型边界条件、地震作用危险方向、模型横向计算范围等隧道地震动力数值模拟过程中的几个关键性问题进行研究，这是正确进行数值模拟分析的前提和关键。

（2）双洞山岭隧道洞身段地震动力响应数值模拟

采用数值模拟的方法对不同埋深下隧道的地震动力响应进行研究，确定了地震动力作用下的隧道临界埋深，然后以此为基础，针对不同间距、不同激振方向、不同围岩地质条件以及不同衬砌刚度下的双洞山岭隧道结构的地震动力响应规律进行系统研究，获得其地震响应规律，并与波动理论计算结果相互验证。

（3）双洞山岭隧道洞口段地震动力响应数值模拟

由于洞口段围岩多风化破碎且自由面较多，围岩约束作用较弱，洞口段隧道衬砌的地震响应大于相应的洞身段衬砌，因此洞口段是隧道的抗震薄弱环节。本书首先对处于9度烈度带的勒不果喇吉隧道泸沽端洞口进行分析。该洞口地形地质条件十分复杂，围岩比较破碎，且为双洞错距浅埋隧道，通过三维数值分析系统研究双洞错距隧道洞口的地震响应规律。然后针对8度区的大宝山隧道洞口段进行了研究和分析，研究总结双洞山岭隧道洞口段的地震响应规律和特点。

（4）双洞山岭隧道减震措施研究

隧道减震主要有两种途径：改变结构本身的性能和设置减震装置。本书主要研究了注浆加固围岩以及在二次衬砌和初期支护之间加设柔性减震层两种减震措施对隧道衬砌的减震作用。

3. 双洞山岭隧道地震响应模型实验研究

在理论计算和数值模拟的基础上，以相似理论为指导，采用几何比1∶30的大比例尺相似模型，以勒不果喇吉隧道为原型，在多种工况下进行了大规模的隧道地震振动台模型试验，研究了勒不果喇吉隧道的抗减震措施，并与理论计算和数值模拟相互验证，得出了双洞山岭隧道的地震响应规律，并提出相应的减震措施，这对于高烈度区的双洞隧道抗减震设计和施工具有重要的实践价值和指导意义。

第2章

双洞山岭隧道地震响应的波动解法分析

隧道等地下结构在地震作用下的动力响应问题属固体动力学理论的研究范畴，其质点运动过程其实是一个应力波传播、反射和相互作用的过程。隧道及地下结构的地震响应计算非常复杂，其振动变形受周围岩土介质的约束作用明显，结构动力响应一般不表现出明显的自振特性，因此不能照搬地面结构的地震响应计算方法。

地震时，在岩体内传播的波主要为体波，包括P波（纵波）和S波（横波）两种，P波引起岩石质点在波的传播方向上振动，S波引起岩石质点在垂直于波的传播方向上振动。其中S波又可分为SH波和SV波两种，凡在波的传播过程中质点振动方向始终为水平向的为SH波，质点振动方向位于竖直平面内的为SV波。在波的传播过程中若遇到地表面或岩层分界面时，会产生折射和反射现象，有时还会产生复杂的面波。纵波和横波的速度不同以及在传播过程中的多次反射和折射，导致隧道衬砌内的地震波不是单一的体波，而是几种波的组合形式。

如前所述，隧道及地下结构的抗震理论计算方法有两大类，即波动法和相互作用法。由于实际情况的复杂性，理论计算非常困难，因此在实际计算中，一般只考虑一些较简单、理想的情况进行探讨，这使得其应用受到一定的限制。尽管如此，理论计算在研究问题本质方面仍然有着数值计算不可替代的作用，而且可以用来检验数值计算的精度。由于地震的本质就是波在岩土介质内的传播，故波动分析更能反映问题的本质，本章的分析方法即为波动理论。

波动分析中，由于SH波在反射和折射时不产生其他类型的波，其波型转换比较简单，Balendra[86]等在20世纪80年代采用镜像法研究了半空间中不同间距下的衬砌双洞室在SH波作用下的动力响应，而对于P波和SV波，由于其波型转换比较复杂，相应的研究进展比较缓慢，本章拟对P波和SV波作用的地下衬砌双洞隧道的波动动力分析进行探索。隧道震害调查表明[1-13,71-81]，受到地震破坏的主要是中、浅埋隧道，属于半空间问题。因此，针对半空间双洞隧道的波动分析具有十分重要的现实意义。

本章在前人研究基础上[82-98]，针对半无限空间中圆形衬砌双洞隧道，通过大半径圆弧和波函数展开法，得到P波和SV波作用下半空间和隧道衬砌中散射波的级数表达式。然后根据隧道衬砌表面和大圆弧表面的零应力边界条件以及衬砌与围岩交界处的应力位移连续条件，求得相应的待定系数，获得 P 波和 SV 波作用下圆形双洞隧道衬砌动力级数解。最后，结合算例，对不同角度和频率的 P 波和 SV 波入射下的圆形双洞隧道衬砌动力响应进行分析和讨论。

2.1 模型

如图 2-1 所示为计算模型，将半无限空间假设为弹性均匀和各向同性，洞室为圆形，其水平距离为 d_1，埋深为 h_1，洞室的衬砌内外半径分别为 a_1、a_2，半无限空间性质由拉梅常数 λ_s、μ_s 和质量密度 ρ_s、纵波波速 α_s、剪切波速 β_s 确定，衬砌的相应材料性质为 λ_1、μ_1、ρ_1、α_1、β_1。

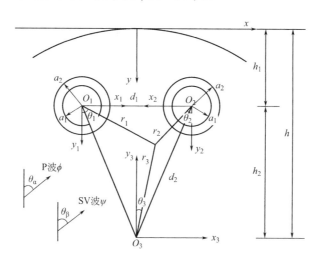

图 2-1 圆形双洞山岭衬砌隧道模型

2.2 平面 P 波作用下双洞山岭隧道衬砌动应力分析

2.2.1 半无限空间中自由场波函数的分析

一圆频率为 ω 的平面 P 波以角度 θ_α 入射，如图 2-1 所示，其在 (x, y) 坐标系下的波势函数表示为：

$$\phi_i(x, y) = \exp[ik_{s\alpha}(x\sin\theta_\alpha - y\cos\theta_\alpha)] \tag{2-1}$$

式中，$k_{s\alpha} = \omega/\alpha_s$，为介质中纵波波数；$i$ 表示虚数单位。

P 波入射条件下，在半空间表面将产生反射 P 波和 SV 波，其波势函数在 O_1 坐标系中可表示为：

$$\phi_r(x, y) = k_{11}\exp[ik_{s\alpha}(x\sin\theta_\alpha + y\cos\theta_\alpha)] \quad (2\text{-}2)$$

$$\psi_r(x, y) = k_{12}\exp[ik_{s\beta}(x\sin\theta_\beta + y\cos\theta_\beta)] \quad (2\text{-}3)$$

反射 P 波和 SV 波势函数在 O_2 坐标系中可表示为：

$$\phi_r(x, y) = k_{21}\exp[ik_{s\alpha}(x\sin\theta_\alpha + y\cos\theta_\alpha)] \quad (2\text{-}4)$$

$$\psi_r(x, y) = k_{22}\exp[ik_{s\beta}(x\sin\theta_\beta + y\cos\theta_\beta)] \quad (2\text{-}5)$$

式中，k_{11}、k_{12}、k_{21}、k_{22} 为波的反射系数。直角坐标系中的应力为[71]：

$$\sigma_{yy} = \lambda \nabla^2 \phi + 2\mu \left[\frac{\partial^2 \phi}{\partial y^2} + \frac{\partial^2 \psi}{\partial x \partial y} \right] \quad (2\text{-}6)$$

$$\sigma_{yx} = \mu \left[2\frac{\partial^2 \phi}{\partial x \partial y} + \frac{\partial^2 \psi}{\partial y^2} - \frac{\partial^2 \psi}{\partial x^2} \right] \quad (2\text{-}7)$$

将自由场中波的表达式代入上式，由半空间表面边界条件 $\sigma_{yy}=0$，$\sigma_{yx}=0$ 可得：

$$k_{11} = \frac{\sin2\theta_\alpha\sin2\theta_\beta - (\alpha_s/\beta_s)^2\cos^22\theta_\beta}{\sin2\theta_\alpha\sin2\theta_\beta + (\alpha_s/\beta_s)^2\cos^22\theta_\beta} \quad (2\text{-}8)$$

$$k_{12} = \frac{-\sin2\theta_\alpha\cos2\theta_\beta}{\sin2\theta_\alpha\sin2\theta_\beta + (\alpha_s/\beta_s)^2\cos^22\theta_\beta} \quad (2\text{-}9)$$

$$k_{21} = \frac{\sin2\theta_\alpha\sin2\theta_\beta - (\alpha_s/\beta_s)^2\cos^22\theta_\beta}{\sin2\theta_\alpha\sin2\theta_\beta + (\alpha_s/\beta_s)^2\cos^22\theta_\beta} \quad (2\text{-}10)$$

$$k_{22} = \frac{\sin2\theta_\alpha\cos2\theta_\beta}{\sin2\theta_\alpha\sin2\theta_\beta + (\alpha_s/\beta_s)^2\cos^22\theta_\beta} \quad (2\text{-}11)$$

为了便于以后研究，可将自由场中入射波和反射波展开为 Fourier-Bessel 函数级数形式。

（1）在 O_1 坐标系下的波势函数可用 Fourier-Bessel 级数表示为：

$$\phi_{i+r}^1(r_1, \theta_1) = \sum_{n_1=0}^{+\infty} J_{n_1}(k_{s\alpha}r_1)(A_{0,n_1}\cos n_1\theta_1 + B_{0,n_1}\sin n_1\theta_1) \quad (2\text{-}12)$$

$$\psi_r^1(r_1, \theta_1) = \sum_{n_1=0}^{+\infty} J_{n_1}(k_{s\beta}r_1)(C_{0,n_1}\sin n_1\theta_1 + D_{0,n_1}\cos n_1\theta_1) \quad (2\text{-}13)$$

式中，$k_{s\alpha}=\omega/\alpha_s$，为介质中纵波波数；$k_{s\beta}=\omega/\beta_s$，为介质中横波波数；$J_{n_1}(x)$ 为第一类 Bessel 函数。式（2-8）～式（2-11）中的 θ_β 为 SV 波的反射角，其值符合 Snell 定律，$\sin\theta_\alpha/\alpha_s = \sin\theta_\beta/\beta_s$，其中：

$$\begin{Bmatrix} A_{0,n_1} \\ B_{0,n_1} \end{Bmatrix} = \varepsilon_{n_1} i^{n_1} \begin{Bmatrix} \cos n_1\theta_\alpha \\ \sin n_1\theta_\alpha \end{Bmatrix} [\pm(-1)^{n_1} \times \exp(-ik_{s\alpha}h_1\cos\theta_\alpha) + k_{11}\exp(ik_{s\alpha}h_1\cos\theta_\alpha)]$$

$$\begin{Bmatrix} C_{0,n_1} \\ D_{0,n_1} \end{Bmatrix} = \varepsilon_{n_1} i^{n_1} k_{12} \begin{Bmatrix} \sin n_1 \theta_\beta \\ \cos n_1 \theta_\beta \end{Bmatrix} \times \exp(ik_{s\beta} h_1 \cos\theta_\beta)$$

当 $n_i = 0$ 时，$\varepsilon_{n_i} = 1$；当 $n_i \geq 1$ 时，$\varepsilon_{n_i} = 2$，下同。

(2) O_2 坐标系下，波势函数可表示为如下级数形式：

$$\phi_{i+r}^2(r_2, \theta_2) = \sum_{n_2=0}^{+\infty} J_{n_2}(k_{s\alpha} r_2)(A_{0,n_2} \cos n_2 \theta_2 + B_{0,n_2} \sin n_2 \theta_2) \quad (2-14)$$

$$\psi_r^2(r_2, \theta_2) = \sum_{n_2=0}^{+\infty} J_{n_2}(k_{s\beta} r_2)(C_{0,n_2} \sin n_2 \theta_2 + D_{0,n_2} \cos n_2 \theta_2) \quad (2-15)$$

式中，$\begin{Bmatrix} A_{0,n_2} \\ B_{0,n_2} \end{Bmatrix} = \varepsilon_{n_2} i^{n_2} \begin{Bmatrix} \cos n_2 \theta_\alpha \\ \sin n_2 \theta_\alpha \end{Bmatrix} [(-1)^{n_2} \times \exp(-ik_{s\alpha} h_1 \cos\theta_\alpha) \pm k_{21} \exp(ik_{s\alpha} h_1 \cos\theta_\alpha)]$

$\begin{Bmatrix} C_{0,n_2} \\ D_{0,n_2} \end{Bmatrix} = \varepsilon_{n_2} i^{n_2} \begin{Bmatrix} \sin n_2 \theta_\beta \\ \cos n_2 \theta_\beta \end{Bmatrix} \times [\mp k_{22} \exp(ik_{s\beta} h_1 \cos\theta_\beta)]$

2.2.2 半无限空间中散射场波函数的分析

由于圆形双洞衬砌隧道的存在，在衬砌与半空间交界面将产生散射 P 波和 SV 波，大半径圆弧表面也会产生散射 P 波和 SV 波，它们的波势函数均满足 Helmholtz 波动方程并可用 Fourier-Bessel 级数形式来表示。

由左洞室产生的散射 P 波和 SV 波可用级数表示为：

$$\phi_s^1(r_1, \theta_1) = \sum_{n_1=0}^{+\infty} H_{n_1}(k_{s\alpha} r_1)(A_{s,n_1} \cos n_1 \theta_1 + B_{s,n_1} \sin n_1 \theta_1) \quad (2-16)$$

$$\psi_s^1(r_1, \theta_1) = \sum_{n_1=0}^{+\infty} H_{n_1}(k_{s\beta} r_1)(C_{s,n_1} \sin n_1 \theta_1 + D_{s,n_1} \cos n_1 \theta_1) \quad (2-17)$$

式中，$H_n(x)$ 为第一类 Hankel 函数。

由右洞室产生的散射 P 波和 SV 波可用级数表示为：

$$\phi_s^2(r_2, \theta_2) = \sum_{n_2=0}^{+\infty} H_{n_2}(k_{s\alpha} r_2)(A_{s,n_2} \cos n_2 \theta_2 + B_{s,n_2} \sin n_2 \theta_2) \quad (2-18)$$

$$\psi_s^2(r_2, \theta_2) = \sum_{n_2=0}^{+\infty} H_{n_2}(k_{s\beta} r_2)(C_{s,n_2} \sin n_2 \theta_2 + D_{s,n_2} \cos n_2 \theta_2) \quad (2-19)$$

由圆弧表面产生的散射 P 波和 SV 波可用级数表示为：

$$\phi_s^3(r_3, \theta_3) = \sum_{n_3=0}^{+\infty} J_{n_3}(k_{s\alpha} r_3)(A_{s,n_3} \cos n_3 \theta_3 + B_{s,n_3} \sin n_3 \theta_3) \quad (2-20)$$

$$\psi_s^3(r_3, \theta_3) = \sum_{n_3=0}^{+\infty} J_{n_3}(k_{s\beta} r_3)(C_{s,n_3} \sin n_3 \theta_3 + D_{s,n_3} \cos n_3 \theta_3) \quad (2-21)$$

这样，半空间中的波势函数为：

$$\phi = \phi_{i+r} + \phi_s^1 + \phi_s^2 + \phi_s^3 \tag{2-22}$$

$$\psi = \psi_r + \psi_s^1 + \psi_s^2 + \psi_s^3 \tag{2-23}$$

由于上述波函数分别在不同的坐标系中给出，须利用 Graf 加法公式进行坐标转换[115]。

2.2.3 隧道衬砌中波函数分析

衬砌中存在着与半空间交界面引起的散射 P 波和 SV 波以及衬砌内表面引起的散射 P 波和 SV 波，可分别表示为：

$$\phi_{11}(r_1,\theta_1) = \sum_{n_1=0}^{+\infty} J_{n_1}(k_{1\alpha}r_1)(A_{11,n_1}\cos n_1\theta_1 + B_{11,n_1}\sin n_1\theta_1) \tag{2-24}$$

$$\psi_{11}(r_1,\theta_1) = \sum_{n_1=0}^{+\infty} J_{n_1}(k_{1\beta}r_1)(C_{11,n_1}\sin n_1\theta_1 + D_{11,n_1}\cos n_1\theta_1) \tag{2-25}$$

$$\phi_{12}(r_1,\theta_1) = \sum_{n_1=0}^{+\infty} H_{n_1}(k_{1\alpha}r_1)(A_{12,n_1}\cos n_1\theta_1 + B_{12,n_1}\sin n_1\theta_1) \tag{2-26}$$

$$\psi_{12}(r_1,\theta_1) = \sum_{n_1=0}^{+\infty} H_{n_1}(k_{1\beta}r_1)(C_{12,n_1}\sin n_1\theta_1 + D_{12,n_1}\cos n_1\theta_1) \tag{2-27}$$

$$\phi_{21}(r_2,\theta_2) = \sum_{n_2=0}^{+\infty} J_{n_2}(k_{1\alpha}r_2)(A_{21,n_2}\cos n_2\theta_2 + B_{21,n_2}\sin n_2\theta_2) \tag{2-28}$$

$$\psi_{21}(r_2,\theta_2) = \sum_{n_2=0}^{+\infty} J_{n_2}(k_{1\beta}r_2)(C_{21,n_2}\sin n_2\theta_2 + D_{21,n_2}\cos n_2\theta_2) \tag{2-29}$$

$$\phi_{22}(r_2,\theta_2) = \sum_{n_2=0}^{+\infty} H_{n_2}(k_{1\alpha}r_2)(A_{22,n_2}\cos n_2\theta_2 + B_{22,n_2}\sin n_2\theta_2) \tag{2-30}$$

$$\psi_{22}(r_2,\theta_2) = \sum_{n_2=0}^{+\infty} H_{n_2}(k_{1\beta}r_2)(C_{22,n_2}\sin n_2\theta_2 + D_{22,n_2}\cos n_2\theta_2) \tag{2-31}$$

式中，$k_{1\alpha}$ 为衬砌材料中纵波波数；$k_{1\beta}$ 为衬砌材料中横波波数。

2.2.4 问题的求解

1. 边界条件

（1）问题的边界条件为半空间表面零应力

$$\tau_{r_3 r_3}^{(s)} = \tau_{r_3 \theta_3}^{(s)} = 0 (r_3 = h) \tag{2-32}$$

（2）两个隧道洞室内表面零应力

$$\tau_{r_1 r_1}^{(1)} = \tau_{r_1 \theta_1}^{(1)} = 0 (r_1 = a_1) \tag{2-33}$$

$$\tau_{r_2 r_2}^{(2)} = \tau_{r_2 \theta_2}^{(2)} = 0 (r_2 = a_1) \tag{2-34}$$

（3）隧道衬砌与半无限空间交界面处应力与位移连续条件

$$\tau_{r_1 r_1}^{(1)} = \tau_{r_1 r_1}^{(s)} (r_1 = a_2) \tag{2-35}$$

$$\tau_{r_1\theta_1}^{(1)} = \tau_{r_1\theta_1}^{(s)} \ (r_1 = a_2) \tag{2-36}$$

$$u_{r_1}^{(1)} = u_{r_1}^{(s)} \ (r_1 = a_2) \tag{2-37}$$

$$u_{\theta_1}^{(1)} = u_{\theta_1}^{(s)} \ (r_1 = a_2) \tag{2-38}$$

$$\tau_{r_2 r_2}^{(2)} = \tau_{r_2 r_2}^{(s)} \ (r_2 = a_2) \tag{2-39}$$

$$\tau_{r_2\theta_2}^{(2)} = \tau_{r_2\theta_2}^{(s)} \ (r_2 = a_2) \tag{2-40}$$

$$u_{r_2}^{(2)} = u_{r_2}^{(s)} \ (r_2 = a_2) \tag{2-41}$$

$$u_{\theta_2}^{(2)} = u_{\theta_2}^{(s)} \ (r_2 = a_2) \tag{2-42}$$

式中，上标 1 表示左洞室；上标 2 表示右洞室；上标 s 表示半无限空间介质。

在平面 P 波入射下平面应变问题的应力和位移表达式为[82]：

$$u_r = \frac{\partial \phi}{\partial r} + \frac{1}{r}\frac{\partial \psi}{\partial \theta} \tag{2-43}$$

$$u_\theta = \frac{1}{r}\frac{\partial \phi}{\partial \theta} - \frac{\partial \psi}{\partial r} \tag{2-44}$$

$$\tau_{rr} = \lambda \nabla^2 \phi + 2\mu\left[\frac{\partial^2 \phi}{\partial r^2} + \frac{\partial}{\partial r}\left(\frac{1}{r}\frac{\partial \psi}{\partial r}\right)\right] \tag{2-45}$$

$$\tau_{r\theta} = \mu\left\{2\left(\frac{1}{r}\frac{\partial^2 \phi}{\partial r \partial \theta} - \frac{1}{r^2}\frac{\partial \phi}{\partial \theta}\right) + \left[\frac{1}{r^2}\frac{\partial^2 \psi}{\partial \theta^2} - r\frac{\partial}{\partial r}\left(\frac{1}{r}\frac{\partial \psi}{\partial r}\right)\right]\right\} \tag{2-46}$$

$$\tau_{\theta\theta} = \lambda \nabla^2 \phi + 2\mu\left[\frac{1}{r}\left(\frac{\partial \phi}{\partial r} + \frac{1}{r}\frac{\partial^2 \phi}{\partial \theta^2}\right) + \frac{1}{r}\left(\frac{1}{r}\frac{\partial \psi}{\partial \theta} - \frac{\partial^2 \psi}{\partial r \partial \theta}\right)\right] \tag{2-47}$$

式中，$\nabla^2 \phi = \frac{\partial^2 \phi}{\partial r^2} + \frac{1}{r}\frac{\partial \phi}{\partial r} + \frac{1}{r^2}\frac{\partial^2 \phi}{\partial \theta^2}$。

2. 应力解答

将边界条件代入波动方程，可获得一组级数方程组，可分别解出 $\begin{bmatrix} A_{s_1,n_1} \\ B_{s_1,n_1} \end{bmatrix}$、$\begin{bmatrix} C_{s_1,n_1} \\ D_{s_1,n_1} \end{bmatrix}$、$\begin{bmatrix} A_{s_2,n_2} \\ B_{s_2,n_2} \end{bmatrix}$、$\begin{bmatrix} C_{s_2,n_2} \\ D_{s_2,n_2} \end{bmatrix}$，在此基础上结合波动方程可求得 $\begin{bmatrix} A_{12,n_1} \\ C_{12,n_1} \end{bmatrix}$、$\begin{bmatrix} B_{12,n_1} \\ D_{12,n_1} \end{bmatrix}$、$\begin{bmatrix} A_{22,n_2} \\ C_{22,n_2} \end{bmatrix}$、$\begin{bmatrix} B_{22,n_2} \\ D_{22,n_2} \end{bmatrix}$、$\begin{bmatrix} A_{11,n_1} \\ C_{11,n_1} \end{bmatrix}$、$\begin{bmatrix} B_{11,n_1} \\ D_{11,n_1} \end{bmatrix}$、$\begin{bmatrix} A_{21,n_2} \\ C_{21,n_2} \end{bmatrix}$、$\begin{bmatrix} B_{21,n_2} \\ D_{21,n_2} \end{bmatrix}$。这样，与衬砌动应力计算有关的所有波函数表达式的待定系数全部求出，将待定系数代入上述环向应力表达式，即可获得衬砌的级数应力解。

将式（2-24）～式（2-31）代入式（2-47）后可得到左右隧道衬砌环向动应力分别为：

(1) 左洞室

$$\tau_{\theta\theta}^{(1)} = \frac{2\mu_1}{r_1^2} \sum_{n_1=0}^{\infty} [fpm(n_1, r_1)A_{11,n_1} + fpn(n_1, r_1)C_{11,n_1}]\cos n_1\theta_1 +$$

$$\frac{2\mu_1}{r_1^2} \sum_{n_1=0}^{\infty} [fqm(n_1, r_1)A_{12,n_1} + fqn(n_1, r_1)C_{12,n_1}]\cos n_1\theta_1 +$$

$$\frac{2\mu_1}{r_1^2} \sum_{n_1=0}^{\infty} [fpm(n_1, r_1)B_{11,n_1} + fpn(n_1, r_1)C_{11,n_1}]\sin n_1\theta_1 +$$

$$\frac{2\mu_1}{r_1^2} \sum_{n_1=0}^{\infty} [fqm(n_1, r_1)B_{12,n_1} + fqn(n_1, r_1)D_{12,n_1}]\sin n_1\theta_1 \quad (2\text{-}48)$$

式中，$fpm(n, r) = k_{1\alpha}r_1 J_{n-1}(k_{1\alpha}r_1) - (n^2 + n + 0.5k_{1\beta}^2 r_1^2 - k_{1\alpha}^2 r_1^2) J_n(k_{1\alpha}r)$

$fqm(n, r) = k_{1\alpha}r_1 H_{n-1}(k_{1\alpha}r_1) - (n^2 + n + 0.5k_{1\beta}^2 r_1^2 - k_{1\alpha}^2 r_1^2) H_n(k_{1\alpha}r)$

$fpn(n, r) = n[(n+1)J_n(k_\beta r) - k_\beta r J_{n-1}(k_\beta r)]$

$fqn(n, r) = n[(n+1)H_n(k_\beta r) - k_\beta r H_{n-1}(k_\beta r)]$

(2) 右洞室

$$\tau_{\theta\theta}^{(2)} = \frac{2\mu_1}{r_2^2} \sum_{n_2=0}^{\infty} [fpm(n_2, r_2)A_{21,n_2} + fpn(n_2, r_2)C_{21,n_2}]\cos n_2\theta_2 +$$

$$\frac{2\mu_1}{r_2^2} \sum_{n_2=0}^{\infty} [fqm(n_2, r_2)A_{22,n_2} + fqn(n_2, r_2)C_{22,n_2}]\cos n_2\theta_2 +$$

$$\frac{2\mu_1}{r_2^2} \sum_{n_2=0}^{\infty} [fpm(n_2, r_2)B_{21,n_2} + fpn(n_2, r_2)D_{21,n_2}]\sin n_2\theta_2 +$$

$$\frac{2\mu_1}{r_2^2} \sum_{n_2=0}^{\infty} [fqm(n_2, r_2)B_{22,n_2} + fqn(n_2, r_2)D_{22,n_2}]\sin n_2\theta_2 \quad (2\text{-}49)$$

对上面求得的衬砌应力作归一化处理，即用 $\tau_{\theta\theta}$ 除以 τ_0，其中 $\tau_0 = \mu k_{s\beta}^2$ 表示入射波在其传播方向上的应力。定义无量纲的量 $|\tau_{\theta\theta}/\tau_0|$ 为衬砌环向动应力集中系数，可获得左右隧道衬砌在波动作用下的动应力集中系数，其在地下衬砌隧道、城市地铁和各种地下管线等工程中的抗震设计中有重要的应用价值。

3. 计算精度分析

引入无量纲频率 η：

$$\eta = \frac{2a_1}{\lambda_{s\beta}} = \frac{k_{s\beta}a_1}{\pi} = \frac{\omega a_1}{\pi \beta_s} \quad (2\text{-}50)$$

式中，$\lambda_{s\beta}$ 为半空间中的横波波长。

取两种介质的泊松比均为 0.25，则介质纵波波速是相应横波波速的 $\sqrt{3}$ 倍。洞室参数为 $h_1/a_1 = 10/5$，$a_2/a_1 = 5.5/5$。衬砌参数依其与半空间介质剪切波速比值不同分为柔性衬砌（比值为 1/2）、无衬砌（比值为 1/1）、刚性衬砌（比值为 3/1)三种情况。

1）无衬砌，衬砌介质与半空间介质剪切波速比为 447.2/447.2，密度比为 2000/2000。此时，衬砌介质与半空间介质相同，相当于无衬砌洞室。

2）柔性衬砌，衬砌介质与半空间介质剪切波速比为 223.6/447.2，密度比为 1800/2000。

3）刚性衬砌，衬砌介质与半空间介质剪切波速比为 1342.6/447.2，密度比为 2200/2000。

（1）级数敛散性分析

沿两洞室内侧圆周各取 64 个监测点，从迭代项数 $N=2$ 开始，计算 N 和 $N-1$ 时的洞室环向应力 $\tau_{\theta\theta}$ 的绝对残差，共得到 64 个残差值 e_i，然后求出这些值的均方根，即得到前后迭代残差值 e：

$$e = \sqrt{\frac{1}{64}\sum_{i=1}^{64} e_i^2} = \frac{1}{8}\sqrt{\sum_{i=1}^{64} e_i^2} \tag{2-51}$$

以 e 为纵坐标，N 为横坐标，即得到一个随迭代次数变化的洞室环向应力 $\tau_{\theta\theta}$ 的迭代残差图。如果残差值随着迭代次数的增加逐渐减小并趋于零，说明级数是收敛的，可以选取此时的 N 值作为最终的迭代项数。

这里给出了两个洞室之间距离 $d_1/a_1=5$、入射角 $\theta_\alpha=0°$、$\eta=1$ 时柔性衬砌、无衬砌和刚性衬砌三种情况下的洞室环向应力 $\tau_{\theta\theta}$ 随 N 取值变化的迭代残差图，如图 2-2～图 2-4 所示，从图中可以看出，无论是哪种衬砌，随着计算截断项数 N 的增大，其前后迭代残差幅值很小，都有很好的收敛性。

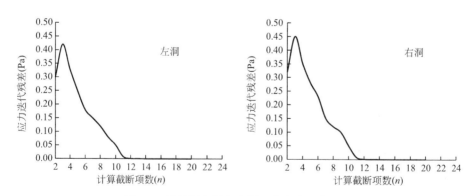

图 2-2 柔性衬砌洞室内侧环向应力迭代残差

（2）边界条件的验算

除了要求级数收敛之外，计算还应该满足式（2-32）～式（2-42）中的应力和位移边界条件。在此给出了两个洞室之间距离 $d_1/a_1=5$、入射角 $\theta_\alpha=0°$、$\eta=1$、衬砌与围岩刚度相同时，洞室衬砌自由面边界和半无限空间表面上的应力 τ_{rr}、

$\tau_{r\theta}$ 的收敛精度,如图 2-5~图 2-7 所示。其他情况下的边界残余应力和位移与此类似,不再赘述。

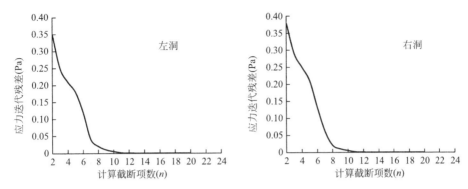

图 2-3 无衬砌时洞室内侧环向应力迭代残差

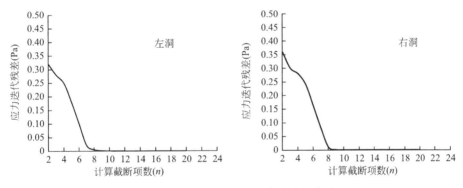

图 2-4 刚性衬砌洞室内侧环向应力迭代残差

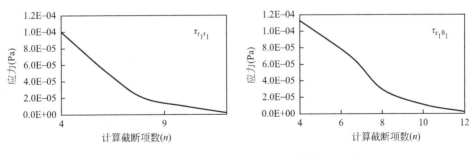

图 2-5 左洞室边界上应力随截取项增大趋于零

可以看出,随着级数截断项数的增大,应力幅值很快减小并趋于零,并且应力沿圆周的波动也随之趋于平稳。可见只要迭代项数足够大,应力就可以足够小,即边界条件式(2-32)~式(2-42)得到满足。计算表明:当无量纲频率 η

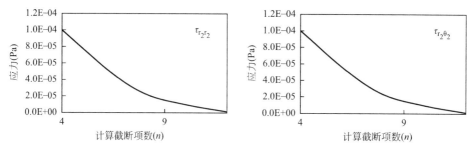

图 2-6　右洞室边界上应力随截取项增大趋于零

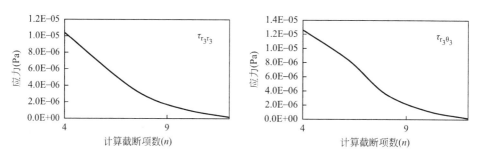

图 2-7　半无限空间边界上应力随截取项增大趋于零

较小时,收敛较快,当无量纲频率 η 较大时,收敛相对较慢,这说明入射波频率越高,级数收敛越慢。

2.2.5　计算结果分析

图 2-8~图 2-16 分别给出了 P 波在入射频率 $\eta=0.25$（低频）、$\eta=1$（中频）、$\eta=2$（高频），入射角度分别为 $\theta_\alpha=0°$、$\theta_\alpha=30°$ 和 $\theta_\alpha=60°$ 时隧道衬砌内表面的动应力集中系数。图中实线表示衬砌介质与半空间介质刚度相同,此时结果退化为无衬砌隧道情况,虚线表示柔性衬砌,点画线表示刚性衬砌。

首先,从图中可以看出,随着入射波频率增大,动应力集中系数在空间上的分布由简单逐渐变得复杂,而幅值逐渐减小。不同衬砌刚度对应的动应力集中系数在空间上的分布相同,但刚性衬砌情况的动应力集中系数始终最大,无衬砌次之,柔性衬砌最小。波入射角度对动应力集中系数也有一定影响,随着入射角度增大,动应力集中系数的分布趋于复杂,但数值变化不大。

当 $\eta=0.25$ 时,相对于 $\theta_\alpha=0°$ 时的动应力集中系数在 $d_1/a_1=2.5$ 时达到最大（图 2-8a）,其中刚性衬砌情况为 37.2,无衬砌情况为 10.8,柔性衬砌为 3.3,说明衬砌刚度对于动应力集中系数具有重要影响,衬砌刚度越大,动应力集中系数越大。

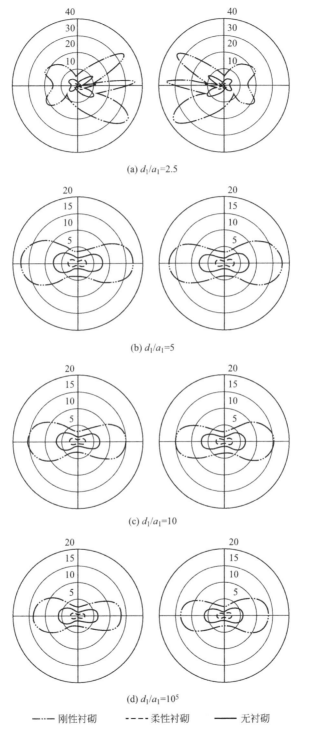

图 2-8 P 波入射下两个洞室的动应力集中系数（$\eta = 0.25$，$\theta_a = 0°$）

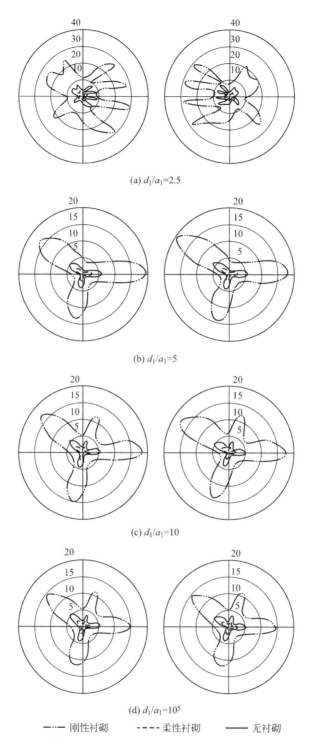

(a) $d_1/a_1=2.5$

(b) $d_1/a_1=5$

(c) $d_1/a_1=10$

(d) $d_1/a_1=10^5$

—·— 刚性衬砌　　---- 柔性衬砌　　—— 无衬砌

图 2-9　P 波入射下两个洞室的动应力集中系数（$\eta=0.25$，$\theta_a=30°$）

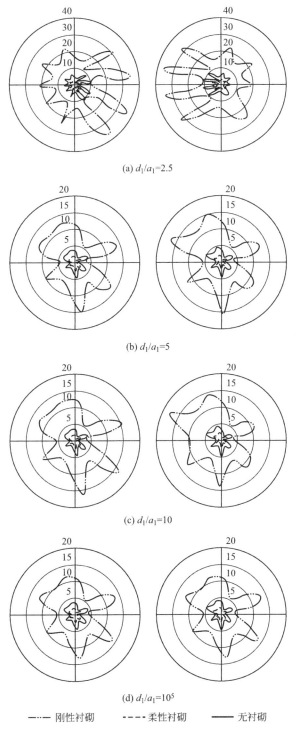

图 2-10 P 波入射下两个洞室的动应力集中系数（$\eta = 0.25$，$\theta_\alpha = 60°$）

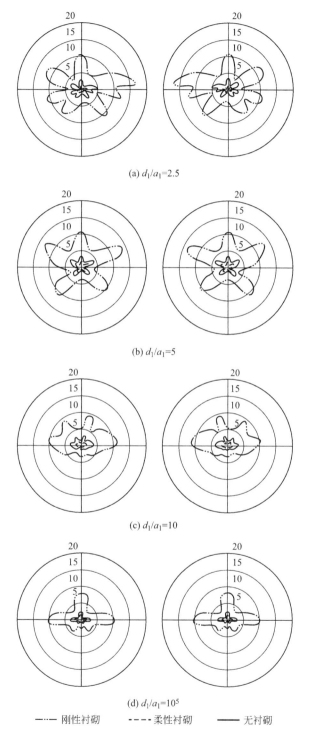

(a) $d_1/a_1=2.5$

(b) $d_1/a_1=5$

(c) $d_1/a_1=10$

(d) $d_1/a_1=10^5$

—·— 刚性衬砌   ---- 柔性衬砌   —— 无衬砌

图 2-11 P 波入射下两个洞室的动应力集中系数（$\eta=1$，$\theta_a=0°$）

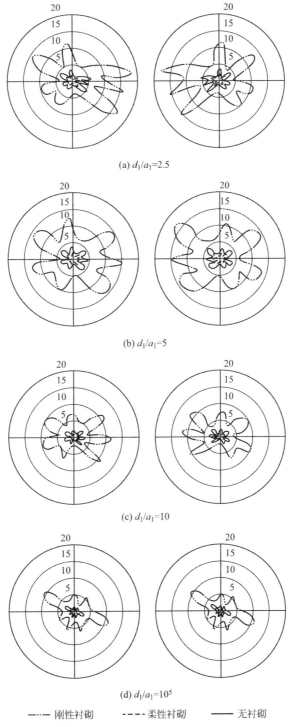

(a) $d_1/a_1=2.5$

(b) $d_1/a_1=5$

(c) $d_1/a_1=10$

(d) $d_1/a_1=10^5$

—·— 刚性衬砌   ---- 柔性衬砌   —— 无衬砌

图 2-12 P 波入射下两个洞室的动应力集中系数（$\eta=1$，$\theta_\alpha=30°$）

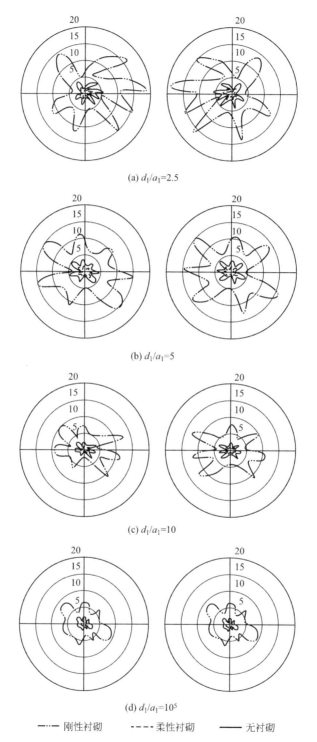

(a) $d_1/a_1=2.5$

(b) $d_1/a_1=5$

(c) $d_1/a_1=10$

(d) $d_1/a_1=10^5$

—·— 刚性衬砌   ---- 柔性衬砌   —— 无衬砌

图 2-13 P 波入射下两个洞室的动应力集中系数（$\eta=1$，$\theta_a=60°$）

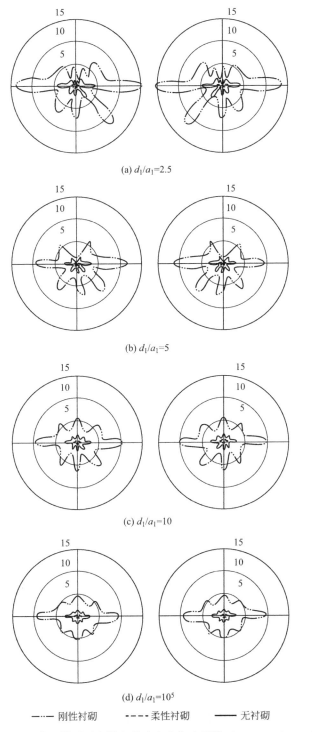

(a) $d_1/a_1=2.5$

(b) $d_1/a_1=5$

(c) $d_1/a_1=10$

(d) $d_1/a_1=10^5$

—·— 刚性衬砌　　---- 柔性衬砌　　—— 无衬砌

图 2-14　P 波入射下两个洞室的动应力集中系数（$\eta=2$，$\theta_\alpha=0°$）

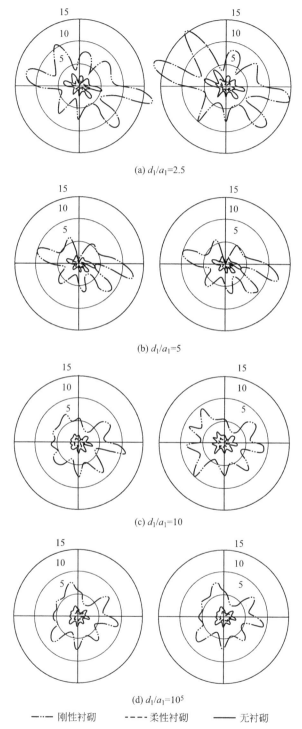

(a) $d_1/a_1=2.5$

(b) $d_1/a_1=5$

(c) $d_1/a_1=10$

(d) $d_1/a_1=10^5$

—·— 刚性衬砌   ---- 柔性衬砌   —— 无衬砌

图 2-15 P 波入射下两个洞室的动应力集中系数（$\eta=2$，$\theta_a=30°$）

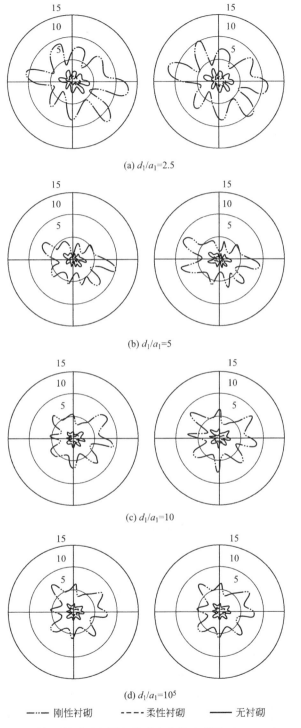

图 2-16 P 波入射下两个洞室的动应力集中系数（$\eta=2$，$\theta_a=60°$）

随着洞室之间距离逐渐增大，动应力集中系数逐渐减小，当洞室之间距离很大时，如当 $d_1/a_1=10^5$ 时（图 2-8d），洞室的动应力集中系数趋于单个洞室情况，此时左右两个洞室的动应力集中系数分布几乎完全一致，相对于 $\theta_\alpha=0°$ 时的刚性衬砌的动应力集中系数为 13.8，无衬砌情况为 5.9，柔性衬砌为 2.1。由此可以看出，洞室之间距离对动应力集中系数具有显著影响，原因在于当两个洞室之间距离较近时，会造成波在两个洞室之间多次反射，两个洞室之间的相互作用比较明显，因而在两个洞室之间的区域会出现显著的动应力集中。另一方面，在不同的衬砌刚度情况下，动应力集中系数随距离增大而减弱的程度有所不同，以洞室间距为 $d_1/a_1=2.5$ 时的动应力系数与间距为 $d_1/a_1=10^5$ 时的动应力系数的比值为例：刚性衬砌情况下最大，为 2.68 倍；无衬砌情况次之，为 1.83 倍；柔性衬砌情况最小，为 1.57 倍。

当 $\eta=1$ 时，相对于 $\theta_\alpha=0°$ 时的动应力集中系数也是在 $d_1/a_1=2.5$ 时达到最大（图 2-11a），其中刚性衬砌情况为 16.8，无衬砌情况为 5.0，柔性衬砌为 1.7，当 $d_1/b_1=10^5$ 时（图 2-11d），洞室的动应力集中系数最小且趋于单个洞室情况，其中，刚性衬砌的动应力集中系数为 10.1，无衬砌情况为 3.3，柔性衬砌为 1.4。

当 $\eta=2$ 时，相对于 $\theta_\alpha=0°$ 时的动应力集中系数也是在 $d_1/a_1=2.5$ 时达到最大（图 2-14a），其中刚性衬砌情况为 15.1，无衬砌情况为 4.3，柔性衬砌为 1.4，当 $d_1/b_1=10^5$ 时（图 2-14d），洞室的动应力集中系数最小且趋于单个洞室情况，其中，刚性衬砌的动应力集中系数为 9.2，无衬砌情况为 3.1，柔性衬砌为 1.2。

可以看出，P 波入射下的波动频率、入射角度、洞室距离和衬砌刚度均对动应力集中系数有重要的影响。

2.3　平面 SV 波作用下双洞山岭隧道衬砌动应力分析

2.3.1　半无限空间中自由场波函数的分析

一圆频率为 ω 的平面 SV 波以角度 θ_β 入射，如图 2-1 所示，其在 (x,y) 坐标系下的波动势函数表示为：

$$\psi_i(x,y)=\exp[ik_{s\beta}(x\sin\theta_\beta-y\cos\theta_\beta)] \tag{2-52}$$

式中，$k_{s\beta}=\omega/\beta_s$，为介质中横波波数；$i$ 表示虚数单位。

平面 SV 波入射下，在半空间表面将产生反射 P 波和 SV 波，其中，反射 SV 波为平面体波，其波动势函数可表示为：

$$\psi_\mathrm{r}(x,y)=k_{12}\exp[ik_{s\beta}(x\sin\theta_\beta+y\cos\theta_\beta)] \quad (O_1 \text{ 坐标系}) \quad (2\text{-}53)$$

$$\psi_\mathrm{r}(x,y)=k_{22}\exp[ik_{s\beta}(x\sin\theta_\beta+y\cos\theta_\beta)] \quad (O_2 \text{ 坐标系}) \quad (2\text{-}54)$$

反射 P 波以 SV 波入射角度是否大于临界角 $\theta_{cr}=\sin^{-1}(\beta_s/\alpha_s)$ 有两种不同的表现形式：

(1) 如果入射角不大于临界角，即 $\theta_\beta \leqslant \theta_{cr}$，P 波的反射角 θ_α 有实数解，反射的 P 波为体波，其波动势函数可表示为：

$$\phi_\mathrm{r}(x,y)=k_{11}\exp[ik_{s\alpha}(x\sin\theta_\alpha+y\cos\theta_\alpha)] \quad (O_1 \text{ 坐标系}) \quad (2\text{-}55)$$

$$\phi_\mathrm{r}(x,y)=k_{21}\exp[ik_{s\alpha}(x\sin\theta_\alpha+y\cos\theta_\alpha)] \quad (O_2 \text{ 坐标系}) \quad (2\text{-}56)$$

式中，$k_{s\alpha}=\omega/\alpha_s$，为介质中纵波波数；$\theta_\alpha$ 的值可按 Snell 定律确定。

(2) 当入射角大于临界角，即 $\theta_\beta > \theta_{cr}$，反射的 P 波为表面波，其波动势函数可表示为：

$$\phi_\mathrm{r}(x,y)=k_{11}\exp(ikx-\gamma y) \quad (O_1 \text{ 坐标系}) \quad (2\text{-}57)$$

$$\phi_\mathrm{r}(x,y)=k_{21}\exp(ikx-\gamma y) \quad (O_2 \text{ 坐标系}) \quad (2\text{-}58)$$

式中，$k=k_{s\alpha}\sin\theta_\alpha=k_{s\beta}\sin\theta_\beta$

$$\gamma=-k_{s\alpha}\cos\theta_\alpha=-ik_{s\alpha}\sqrt{1-\sin^2\theta_\alpha}=\sqrt{k_{s\alpha}^2\sin^2\theta_\alpha-k_{s\alpha}^2}=\sqrt{k^2-k_{s\alpha}^2}>0$$

与 P 波入射情况相同，上述半空间自由场中入射波和反射波可展开为 Fourier-Bessel 函数的级数形式：

(1) 在 O_1 坐标系中的入射、反射 SV 波：

$$\psi_{i+r}^1(r_1,\theta_1)=\sum_{n_1=0}^{+\infty}J_{n_1}(k_{s\beta}r_1)(C_{0,n_1}\sin n_1\theta_1+D_{0,n_1}\cos n_1\theta_1) \quad (2\text{-}59)$$

式中：

$$\begin{Bmatrix}C_{0,n_1}\\D_{0,n_1}\end{Bmatrix}=\varepsilon_{n_1}i^{n_1}\begin{Bmatrix}\sin n_1\theta_\beta\\\cos n_1\theta_\beta\end{Bmatrix}[\mp(-1)^{n_1}\exp(-ik_{s\beta}h_1\cos\theta_\beta)+k_{12}\exp(ik_{s\beta}h_1\cos\theta_\beta)]$$

式中，当 $n_i=0$ 时，$\varepsilon_{n_i}=1$，$n_i\geqslant 1$ 时，$\varepsilon_{n_i}=2$，下同。

(2) 在 O_2 坐标系中的入射、反射 SV 波：

$$\psi_{i+r}^2(r_2,\theta_2)=\sum_{n_2=0}^{+\infty}J_{n_2}(k_{s\beta}r_2)(C_{0,n_2}\sin n_2\theta_2+D_{0,n_2}\cos n_2\theta_2) \quad (2\text{-}60)$$

式中：

$$\begin{Bmatrix}C_{0,n_2}\\D_{0,n_2}\end{Bmatrix}=\varepsilon_{n_2}i^{n_2}\begin{Bmatrix}\sin n_2\theta_\beta\\\cos n_2\theta_\beta\end{Bmatrix}[(-1)^{n_2}\exp(-ik_{s\beta}h_1\cos\theta_\beta)\mp k_{22}\exp(ik_{s\beta}h_1\cos\theta_\beta)]$$

(3) 在 O_1 坐标系中，当 $\theta_\beta\leqslant\theta_{cr}$ 时的反射 P 波：

$$\phi_\mathrm{r}^1(r_1,\theta_1)=\sum_{n1=0}^{+\infty}J_{n_1}(k_{s\alpha}r_1)(A_{0,n_1}\cos n_1\theta_1+B_{0,n_1}\sin n_1\theta_1) \quad (2\text{-}61)$$

式中：$\begin{Bmatrix}A_{0,n_1}\\B_{0,n_1}\end{Bmatrix}=\varepsilon_{n_1}i^{n_1}k_{12}\begin{Bmatrix}\cos n_1\theta_\alpha\\\sin n_1\theta_\alpha\end{Bmatrix}\times\exp(ik_{s\alpha}h_1\cos\theta_\alpha)$

(4) 在 O_2 坐标系中，当 $\theta_\beta \leqslant \theta_{cr}$ 时的反射 P 波：

$$\phi_r^2(r_2, \theta_2) = \sum_{n_2=0}^{+\infty} J_{n_2}(k_{sa}r_2)(A_{0,n_2}\cos n_2\theta_2 + B_{0,n_2}\sin n_2\theta_2) \qquad (2\text{-}62)$$

式中，$\begin{Bmatrix} A_{0,n_2} \\ B_{0,n_2} \end{Bmatrix} = \varepsilon_{n_2} i^{n_2} \begin{Bmatrix} \cos n_2\theta_a \\ \sin n_2\theta_a \end{Bmatrix} [\mp k_{21}\exp(ik_{sa}h_1\cos\theta_a)]$

(5) 当 $\theta_\beta > \theta_{cr}$ 时，θ_a 为一复角，反射 P 波势函数无法直接以 Fourier-Bessel 级数表示，可以将 ϕ_r 修正为[116,117]：

$$\phi_* = \phi_*(x_1, y_1) = \begin{cases} \phi_r(x_1, y_1) = k_1\exp(-\gamma h_1)\exp(-\gamma y_1 + ikx_1) & y_1 \geqslant -h_1 \\ 0 & y_1 < -h_1 \end{cases}$$

(2-63)

将函数 ϕ_* 展开成一收敛的 Fourier 级数并带入波动方程 $\nabla^2\phi_* + k_{sa}^2\phi_* = 0$ 可得：

$$\phi_*(r_1, \theta_1) = \sum_{n_1=0}^{+\infty} J_{n_1}(k_{sa}r_1)(A_{0,n_1}\cos n_1\theta_1 + B_{0,n_1}\sin n_1\theta_1) \qquad (2\text{-}64)$$

由于上式收敛很慢，可将其进一步变换为[118]：

$$\phi_*(r_1, \theta_1) = \frac{a_0(r_1)}{2} + \sum_{n=0}^{+\infty}[a_{n_1}(r_1)\cos n_1\theta_1 + b_{n_1}(r_1)\sin n_1\theta_1] + \frac{a_N(r_1)}{2}\cos N\theta_1$$

(2-65)

式中：$a_0(r_1) = A_{0,0}J_0(k_{sa}r_1)$

$$a_{n_1}(r_1) = \frac{1}{N}\sum_{l=0}^{2N-1}\phi_*\left(r_1, \frac{\pi}{N}l\right)\cos\left(\frac{\pi}{N}ln_1\right) \quad (n_1 = 0 \sim N)$$

$$b_{n_1}(r_1) = \frac{1}{N}\sum_{l=0}^{2N-1}\phi_*\left(r_1, \frac{\pi}{N}l\right)\sin\left(\frac{\pi}{N}ln_1\right) \quad (n_1 = 0 \sim N)$$

这样，展开的级数在给定的点能很好地快速收敛于势函数 ϕ_*。以上所述为在 O_1 坐标系中的情况，在 O_2 坐标中与之类似，可依此推出。这样，对于 SV 波入射角大于临界角的情况也可以 Fourier-Bessel 级数的形式进行求解。

2.3.2 半无限空间中散射场波函数的分析

为了便于求解，采用一个半径非常大的圆来模拟半空间表面（图 2-1），研究表明，随着大圆弧半径 h 的逐渐增大，解答趋于精确解，本书中取 $h = 10^4 \times a_1$。

由于圆形衬砌双洞隧道的存在，在衬砌与半空间交界面以及大圆弧表面会产生散射 P 波和 SV 波，其波势函数均满足 Helmholtz 波动方程，可以用 Fourier-Bessel 级数形式来表示。

由左洞室产生的散射 P 波和 SV 波可用级数表示为：

$$\phi_s^1(r_1, \theta_1) = \sum_{n_1=0}^{+\infty} H_{n_1}(k_{s\alpha}r_1)(A_{s,n_1}\cos n_1\theta_1 + B_{s,n_1}\sin n_1\theta_1) \qquad (2\text{-}66)$$

$$\psi_s^1(r_1, \theta_1) = \sum_{n_1=0}^{+\infty} H_{n_1}(k_{s\beta}r_1)(C_{s,n_1}\sin n_1\theta_1 + D_{s,n_1}\cos n_1\theta_1) \qquad (2\text{-}67)$$

由右洞室产生的散射 P 波和 SV 波可用级数表示为：

$$\phi_s^2(r_2, \theta_2) = \sum_{n_2=0}^{+\infty} H_{n_2}(k_{s\alpha}r_2)(A_{s,n_2}\cos n_2\theta_2 + B_{s,n_2}\sin n_2\theta_2) \qquad (2\text{-}68)$$

$$\psi_s^2(r_2, \theta_2) = \sum_{n_2=0}^{+\infty} H_{n_2}(k_{s\beta}r_2)(C_{s,n_2}\sin n_2\theta_2 + D_{s,n_2}\cos n_2\theta_2) \qquad (2\text{-}69)$$

由大圆弧表面产生的散射 P 波和 SV 波可用级数表示为：

$$\phi_s^3(r_3, \theta_3) = \sum_{n_3=0}^{+\infty} J_{n_3}(k_{s\alpha}r_3)(A_{s,n_3}\cos n_3\theta_3 + B_{s,n_3}\sin n_3\theta_3) \qquad (2\text{-}70)$$

$$\psi_s^3(r_3, \theta_3) = \sum_{n_3=0}^{+\infty} J_{n_3}(k_{s\beta}r_3)(C_{s,n_3}\sin n_3\theta_3 + D_{s,n_3}\cos n_3\theta_3) \qquad (2\text{-}71)$$

这样，半空间中的波势函数为：

$$\phi = \phi_r + \phi_s^1 + \phi_s^2 + \phi_s^3 \qquad (2\text{-}72)$$

$$\psi = \psi_{i+r} + \psi_s^1 + \psi_s^2 + \psi_s^3 \qquad (2\text{-}73)$$

与 P 波入射情况下相同，由于上述波函数分别在不同的坐标系中给出，为了研究方便，也需要利用 Graf 加法公式进行坐标转换[115]。

2.3.3 隧道衬砌中波函数分析

衬砌中存在着与半空间交界面引起的散射 P 波和 SV 波以及衬砌内表面引起的散射 P 波和 SV 波，可分别表示为：

$$\phi_{11}(r_1, \theta_1) = \sum_{n_1=0}^{+\infty} J_{n_1}(k_{1\alpha}r_1)(A_{11,n_1}\cos n_1\theta_1 + B_{11,n_1}\sin n_1\theta_1) \qquad (2\text{-}74)$$

$$\psi_{11}(r_1, \theta_1) = \sum_{n_1=0}^{+\infty} J_{n_1}(k_{1\beta}r_1)(C_{11,n_1}\sin n_1\theta_1 + D_{11,n_1}\cos n_1\theta_1) \qquad (2\text{-}75)$$

$$\phi_{12}(r_1, \theta_1) = \sum_{n_1=0}^{+\infty} H_{n_1}(k_{1\alpha}r_1)(A_{12,n_1}\cos n_1\theta_1 + B_{12,n_1}\sin n_1\theta_1) \qquad (2\text{-}76)$$

$$\psi_{12}(r_1, \theta_1) = \sum_{n_1=0}^{+\infty} H_{n_1}(k_{1\beta}r_1)(C_{12,n_1}\sin n_1\theta_1 + D_{12,n_1}\cos n_1\theta_1) \qquad (2\text{-}77)$$

$$\phi_{21}(r_2, \theta_2) = \sum_{n_2=0}^{+\infty} J_{n_2}(k_{1\alpha}r_2)(A_{21,n_2}\cos n_2\theta_2 + B_{21,n_2}\sin n_2\theta_2) \qquad (2\text{-}78)$$

$$\psi_{21}(r_2, \theta_2) = \sum_{n_2=0}^{+\infty} J_{n_2}(k_{1\beta}r_2)(C_{21,n_2}\sin n_2\theta_2 + D_{21,n_2}\cos n_2\theta_2) \qquad (2\text{-}79)$$

$$\phi_{22}(r_2, \theta_2) = \sum_{n_2=0}^{+\infty} H_{n_2}(k_{1\alpha}r_2)(A_{22,n_2}\cos n_2\theta_2 + B_{22,n_2}\sin n_2\theta_2) \quad (2-80)$$

$$\psi_{22}(r_2, \theta_2) = \sum_{n_2=0}^{+\infty} H_{n_2}(k_{1\beta}r_2)(C_{22,n_2}\sin n_2\theta_2 + D_{22,n_2}\cos n_2\theta_2) \quad (2-81)$$

2.3.4 问题的求解

SV 波入射下问题的边界条件以及相应的位移应力表达式与 P 波入射下情况相同，其求解思路和过程也与 P 波入射相同，在此不再赘述。

同 P 波入射情况，在此引入无量纲频率 η，取两种介质的泊松比均为 0.25。洞室参数为 $h_1/a_1=10/5$，$a_2/a_1=5.5/5$；衬砌分为柔性衬砌、无衬砌、刚性衬砌三种情况，其参数均与 P 波入射情况相同。

（1）级数敛散性分析

这里给出了两个洞室之间距离 $d_1/a_1=5$、入射角 $\theta_\beta=0°$，$\eta=1$ 时柔性衬砌、无衬砌和刚性衬砌三种情况下的洞室环向应力 $\tau_{\theta\theta}$ 随 N 取值变化的迭代残差图，如图 2-17～图 2-19 所示。从图中可以看出，无论是哪种衬砌，其前后迭代残差幅值很小，都有很好的收敛性。

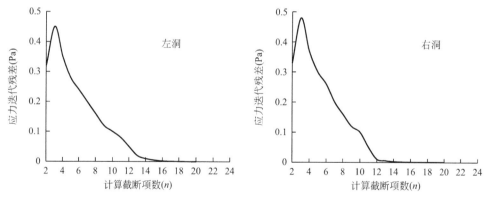

图 2-17　柔性衬砌内侧环向应力迭代残差

（2）边界条件的验算

在此给出了两个洞室之间距离 $d_1/a_1=5$、入射角 $\theta_\beta=0°$、$\eta=1$、衬砌与围岩刚度相同时，三个边界上应力 τ_{rr} 和 $\tau_{r\theta}$ 的收敛精度，如图 2-20～图 2-22 所示。其他情况下的边界残余应力和位移与此类似。

从图 2-20～图 2-22 可以看出，随着级数截断项数的增大，应力幅值很快减小并趋于零，并且应力沿圆周的波动也随之趋于平稳。可见只要迭代项数足够大，应力就可以足够小，即边界条件式（2-32）～式（2-42）得到满足。计算表

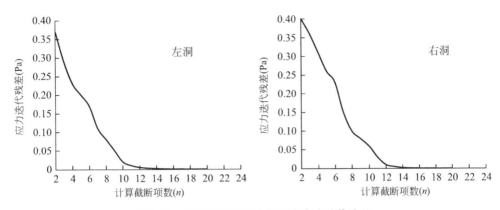

图 2-18 无衬砌时洞室内侧环向应力迭代残差

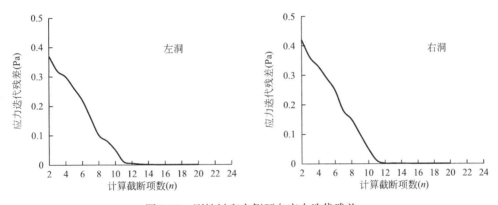

图 2-19 刚性衬砌内侧环向应力迭代残差

明：当无量纲频率 η 较小时，收敛较快，当无量纲频率 η 较大时，收敛相对较慢，这说明入射波频率越高，级数收敛越慢。

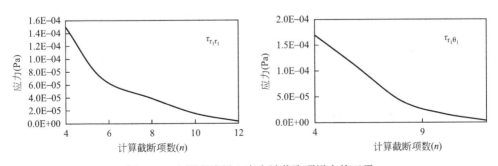

图 2-20 左洞室边界上应力随截取项增大趋于零

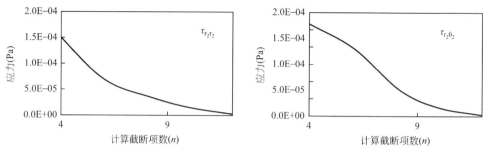

图 2-21　右洞室边界上应力随截取项增大趋于零

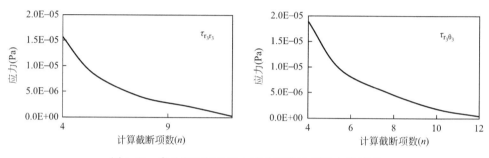

图 2-22　半无限空间边界上应力随截取项增大趋于零

2.3.5　计算结果分析

图 2-23～图 2-31 分别给出了 SV 波在入射频率 $\eta=0.25$（低频）、$\eta=1$（中频）、$\eta=2$（高频），入射角度分别为 $\theta_\beta=0°$、$\theta_\beta=30°$ 和 $\theta_\beta=60°$ 时隧道衬砌内表面的动应力集中系数。图中实线表示衬砌介质与半空间介质刚度相同，此时结果退化为无衬砌隧道情况，虚线表示柔性衬砌，点画线表示刚性衬砌。

首先，从图中可以看出，随着入射波频率的增大，动应力集中系数在空间上的分布由简单逐渐变得复杂，而幅值在总体上逐渐减小；不同衬砌刚度对应的动应力集中系数在空间上的分布相同，但刚性衬砌情况的动应力集中系数始终最大，无衬砌次之，柔性衬砌最小；波入射角度对动应力集中系数也有一定的影响，随着入射角度的增大，动应力集中系数的分布趋于复杂，但数值变化不大，总体上略有减小。

当 $\eta=0.25$ 时，相对于 $\theta_\beta=0°$ 时的动应力集中系数在 $d_1/a_1=2.5$ 时达到最大（图 2-23a），其中刚性衬砌情况为 42.2，无衬砌情况为 19.3，柔性衬砌为 7.0，说明衬砌刚度对于动应力集中系数具有重要的影响，衬砌刚度越大，动应力集中系数越大。

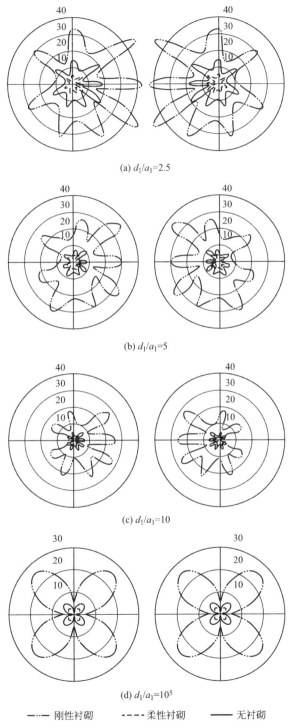

(a) $d_1/a_1=2.5$

(b) $d_1/a_1=5$

(c) $d_1/a_1=10$

(d) $d_1/a_1=10^5$

—·—刚性衬砌   ----柔性衬砌   ——无衬砌

图 2-23　SV 波入射下两个洞室的动应力集中系数（$\eta=0.25$，$\theta_\beta=0°$）

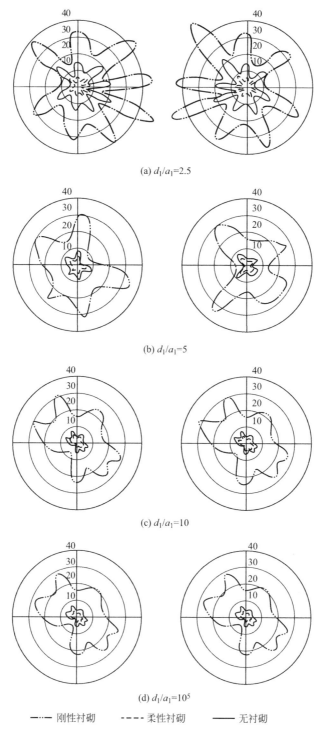

(a) $d_1/a_1=2.5$

(b) $d_1/a_1=5$

(c) $d_1/a_1=10$

(d) $d_1/a_1=10^5$

—·— 刚性衬砌　---- 柔性衬砌　—— 无衬砌

图 2-24　SV 波入射下两个洞室的动应力集中系数（$\eta=0.25$，$\theta_\beta=30°$）

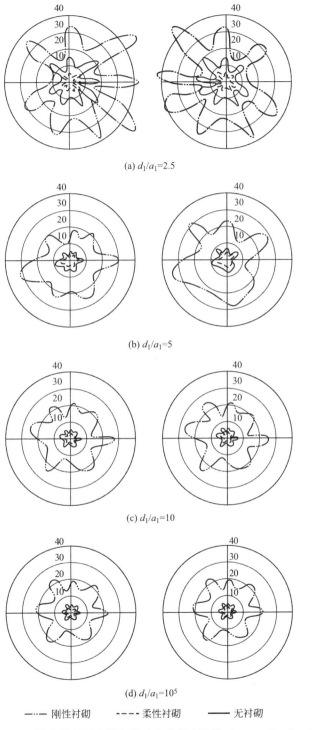

(a) $d_1/a_1=2.5$

(b) $d_1/a_1=5$

(c) $d_1/a_1=10$

(d) $d_1/a_1=10^5$

—·— 刚性衬砌   ---- 柔性衬砌   —— 无衬砌

图 2-25 SV 波入射下两个洞室的动应力集中系数 ($\eta=0.25$, $\theta_\beta=60°$)

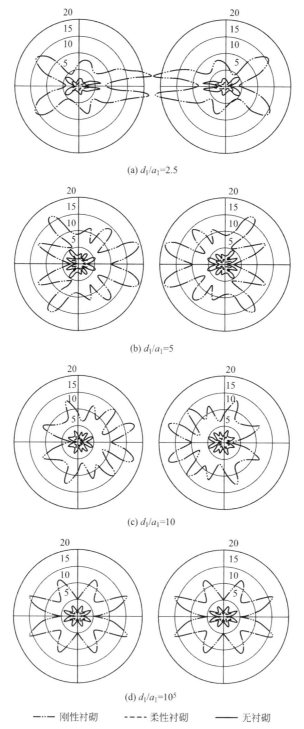

(a) $d_1/a_1=2.5$

(b) $d_1/a_1=5$

(c) $d_1/a_1=10$

(d) $d_1/a_1=10^5$

——— 刚性衬砌　　---- 柔性衬砌　　——— 无衬砌

图 2-26　SV 波入射下两个洞室的动应力集中系数（$\eta=1$，$\theta_\beta=0°$）

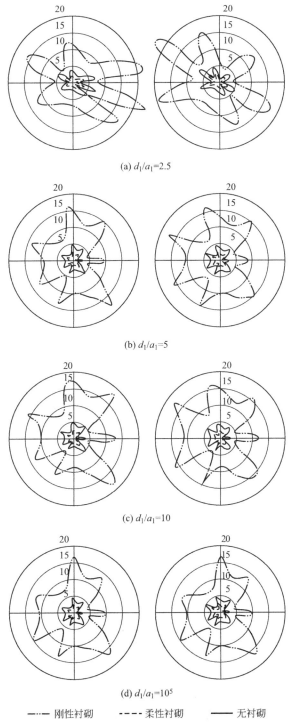

(a) $d_1/a_1=2.5$

(b) $d_1/a_1=5$

(c) $d_1/a_1=10$

(d) $d_1/a_1=10^5$

—·— 刚性衬砌   ---- 柔性衬砌   —— 无衬砌

图 2-27 SV 波入射下两个洞室的动应力集中系数（$\eta=1$，$\theta_\beta=30°$）

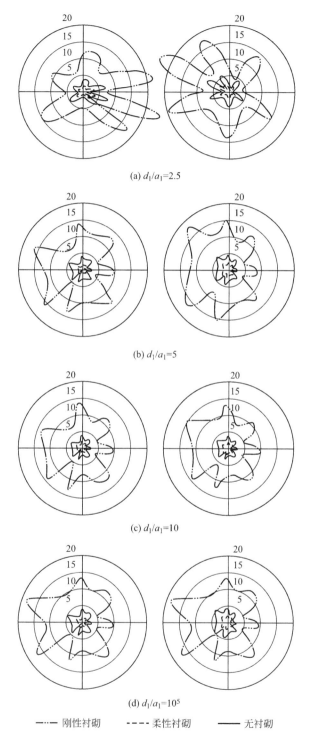

(a) $d_1/a_1=2.5$

(b) $d_1/a_1=5$

(c) $d_1/a_1=10$

(d) $d_1/a_1=10^5$

—·— 刚性衬砌　　---- 柔性衬砌　　—— 无衬砌

图 2-28　SV 波入射下两个洞室的动应力集中系数（$\eta=1$，$\theta_\beta=60°$）

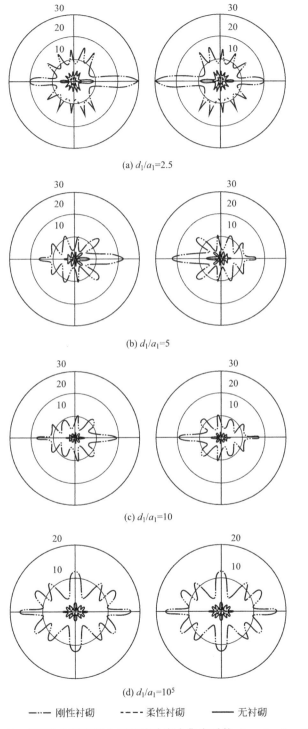

(a) $d_1/a_1=2.5$

(b) $d_1/a_1=5$

(c) $d_1/a_1=10$

(d) $d_1/a_1=10^5$

—·— 刚性衬砌　　---- 柔性衬砌　　—— 无衬砌

图 2-29　SV 波入射下两个洞室的动应力集中系数（$\eta=2$，$\theta_\beta=0°$）

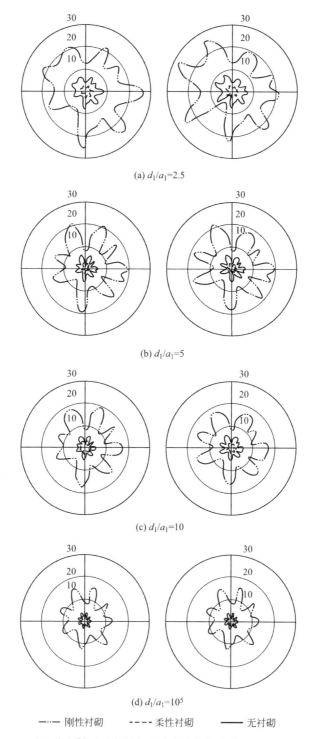

图 2-30 SV 波入射下两个洞室的动应力集中系数（$\eta=2$，$\theta_\beta=30°$）

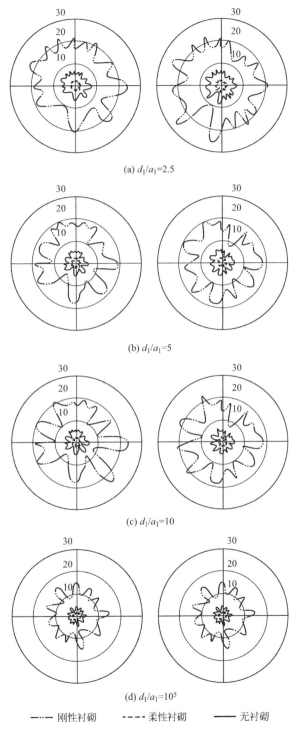

(a) $d_1/a_1=2.5$

(b) $d_1/a_1=5$

(c) $d_1/a_1=10$

(d) $d_1/a_1=10^5$

—·—· 刚性衬砌   ---- 柔性衬砌   —— 无衬砌

图 2-31 SV 波入射下两个洞室的动应力集中系数（$\eta=2$，$\theta_\beta=60°$）

随着洞室之间距离逐渐增大，动应力集中系数逐渐减小，当洞室之间距离趋于很大时，当如 $d_1/b_1=10^5$ 时（图 2-23d），洞室的动应力集中系数趋于单个洞室情况，此时左右两个洞室的动应力集中系数分布几乎完全一致，刚性衬砌的动应力集中系数为 26.0，无衬砌情况为 6.5，柔性衬砌为 3.6。

由此可以看出，洞室之间距离对动应力集中系数具有显著影响，原因在于当两个洞室之间距离较近时，会造成波在两个洞室之间多次反射，两个洞室之间的相互作用比较明显，因而在两个洞室之间的区域会出现显著的动应力集中。

当 $\eta=1$ 时，相对于 $\theta_\beta=0°$ 时的动应力集中系数也是在 $d_1/a_1=2.5$ 时达到最大（图 2-26a），其中刚性衬砌情况为 23.6，无衬砌情况为 7.5，柔性衬砌 3.5，当 $d_1/b_1=10^5$ 时（图 2-26d），洞室的动应力集中系数最小且趋于单个洞室情况，其中，刚性衬砌的动应力集中系数为 16.2，无衬砌情况为 4.9，柔性衬砌为 2.8。

当 $\eta=2$ 时，相对于 $\theta_\beta=0°$ 时的动应力集中系数也是在 $d_1/a_1=2.5$ 时达到最大（图 2-29a），其中刚性衬砌情况为 29.5，无衬砌情况为 7.4，柔性衬砌 3.2，当 $d_1/b_1=10^5$ 时（图 2-29d），洞室的动应力集中系数最小且趋于单个洞室情况，其中，刚性衬砌的动应力集中系数为 16.4，无衬砌情况为 4.1，柔性衬砌为 2.2。

可以看出，SV 波入射下的波动频率、入射角度、洞室距离和衬砌刚度均对动应力集中系数有重要影响。

2.4　汶川地震隧道震害调查与波动理论计算结果的对比

2008 年 5 月 12 日汶川 8.0 级特大地震中，位于震中附近的都汶公路有许多已建和在建公路隧道受到了不同程度的损害，这为现代隧道震害调查提供了可靠的最新数据，同时也可以用作验证理论计算是否正确的直接依据。根据汶川地震都汶公路隧道震害调查情况（见表 1-1），可以看出：

（1）在震中距和围岩类别等其他条件类似的情况下，双洞隧道的地震破坏情况明显大于单洞情况，表明在地震作用下的双洞隧道之间确实存在明显的相互作用，这也充分说明了双洞隧道的波动理论计算结果是符合实际情况的。

（2）随着震中距的增大，隧道的地震破坏情况逐步减小，其原因之一就是由于随着震中距的增大，使得地震波对隧道结构的入射角度变大，因此其地震响应逐渐变小，这与波动理论计算结果中关于洞室的地震响应随着入射角度的增大而趋于减弱的结论是一致的。

由上可知，震害调查的结果验证了波动理论计算得出的结论，说明波动理论的计算结果是正确的，且与隧道震害实际调查情况相吻合。

波动理论计算由于采用了较严格的假设条件而限制了其在工程实际中的广泛应用，但对于隧道工程抗减震研究来说，波动理论计算具有重要的理论指导意义，其结论可以用于指导隧道工程抗震的设计和施工并用来验证数值分析的计算精度。

2.5　本章小结

本章对双洞山岭衬砌隧道在平面波动作用下的波动解法进行了探讨，可得到如下结论：

(1) 波动作用下，刚性衬砌的动应力系数始终最大，衬砌刚度越小，相应的衬砌应力就越小，这说明柔性衬砌具有一定的减震作用。

(2) 双洞隧道的距离越近，其间的相互作用就越强，其动应力系数也就越大，因此，在地震区的双洞隧道设计应注意控制两个洞室的间距不可过小。

(3) 无论是 P 波或者 SV 波作用，随着波动频率的增加，隧道衬砌的动应力分布逐渐复杂化，而应力逐渐趋于减小。这说明对隧道的抗震设计来说，低频地震波对隧道的危害较大。

(4) 波的入射角度对动应力集中系数也有一定的影响，随着入射角度的增大，动应力集中系数的分布趋于复杂，但数值变化不大，总体上略有减小。

(5) SV 波作用下的衬砌应力总体上大于 P 波作用的情况，这说明地震波中的剪切波是造成地下结构震害的主要因素。

第3章

隧道地下结构动力数值分析关键问题探讨

由于岩土介质对地下结构的约束作用，使得其地震响应与地面结构有很大的不同，如何有效地模拟其在地震作用下的动力响应是地下结构抗震设计所必须解决的问题。其中，地震波的选择与输入、模型的离散和数值方法的选择以及人工边界的处理是地下结构动力数值分析中必须解决的几个关键问题。

3.1 地震波的分析与处理方法

3.1.1 地震波的选用

在地下结构地震动力时程分析中所采用的地震波主要有三种：拟建场地的实际地震波、有代表性的过去强震地震波和人工合成地震波。这三种类型的波各有其特点和适用性。

如果在拟建场地上有实际的强震记录可供选用，那么这种地震波应该优先采用，但在大多数情况下的拟建场地并没有这种地震波记录。因此采用过去有代表性的强震记录是较好的选择，如 EIcentro 波、Taft 波、Kobe 波、天津波等。图 3-1～图 3-3 分别为 Taft 地震波、天津地震波以及汶川地震东西向地震波。

由上述三个地震波加速度时程可以看出，不同场地地震波的峰值加速度和地震持时等均有较大差异，其中汶川地震波的峰值加速度和持时均远超其余两种地震波。另外，由于实际地震波的场地条件与拟建的场地条件总是或多或少地存在差异，这些强震记录并不能真实地反应拟建场地的地振动特性。所以，为了确保地下结构地震反应分析的精确性以及有效性，可以根据拟建场地的某些特征参数来人工合成适合这类场地的地震波[119,120]。

人工合成地震波的方法有很多种，常用比例法和数值法[17]。数值法又可分为三角级数法、随机脉冲法和自回归法三种，其中以三角级数法最为成熟，应用也最普遍。由于地震动的三要素为幅值、频谱以及持时，因此人工合成地震波必

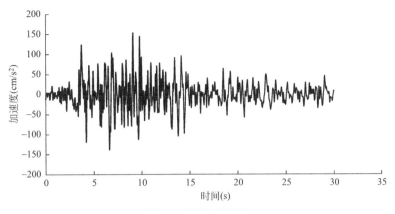

图 3-1 Taft 地震波

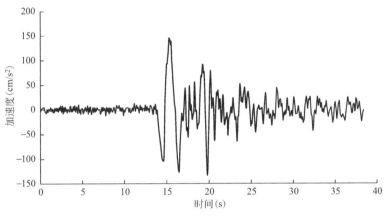

图 3-2 天津地震波

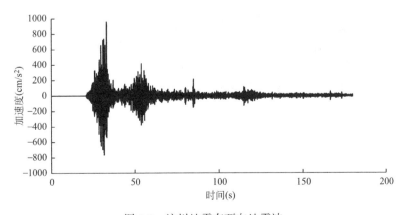

图 3-3 汶川地震东西向地震波

须在这三个方面满足要求。

比例法是对以前的实际强震记录，如 EIcentro 波、Taft 波、天津波等，将其时间坐标与加速度坐标分别乘以一个常数，使其能够满足要求。比例法可以调整两个比例常数，仅能满足卓越周期和最大加速度两个参数条件，反应谱与频谱则无法满足，所有在抗震分析中的应用受到一定限制。

三角级数法的基本思想是用三角级数之和构造一个近似的平稳高斯过程，然后乘以强度包线函数，就可得到非平稳的地震动加速度过程。具体说来，就是根据拟建场地的地震烈度、场地类别等设计参数确定设计反应谱，即目标反应谱，再通过目标反应谱近似计算出人工地震波的功率谱并进一步得到傅立叶幅值谱。最后对傅立叶幅值谱与 $0\sim2\pi$ 内均匀分布的随机相位做傅立叶逆变换并乘上强度包线函数，便可得到近似人工地震波，然后按照一定的收敛准则重复迭代上述步骤，使合成的地震波的反应谱与目标谱之间的误差处于允许范围之内，这样就可以获得满足场地地震动各种参数要求的地震波。

本书研究所涉及的雅泸高速公路包含的隧道众多，在此选取地处Ⅸ度地震带的勒不果喇吉隧道为主要研究对象，同时针对Ⅷ度地震带的大宝山隧道洞口段进行分析。地震波由四川地震局提供，地震波合成是以地震危险性概率分析结果得到的基岩加速度峰值和基岩加速度反应谱作为目标谱，用人工模拟方法合成，其 50 年超越概率为 10%。适用于勒不果喇吉隧道的地震波包含 3 条，如图 3-4～图 3-6 所示。适用于大宝山隧道的地震波也包含 3 条，如图 3-7～图 3-9 所示。

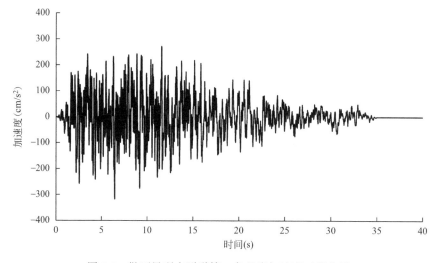

图 3-4 勒不果喇吉隧道第一条基岩加速度时程曲线

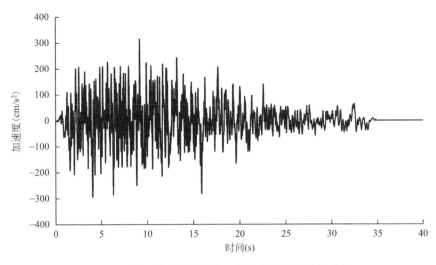

图 3-5　勒不果喇吉隧道第二条基岩加速度时程曲线

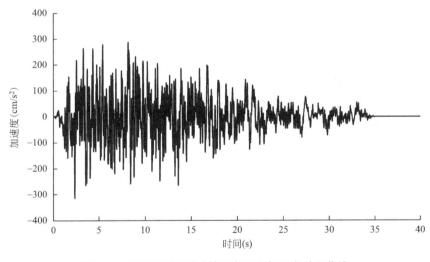

图 3-6　勒不果喇吉隧道第三条基岩加速度时程曲线

3.1.2　地震波的频谱分析

上述地震波的加速度时程对应于 50 年超越概率为 10% 的概率水准，但分别对应于不同的随机相位，时程采样步长为 0.02s，每条加速度时程总持时为 40.96s，共 2048 个数据点。地震波的幅值相同，只是合成时所对应的随机相位不同，下面以勒不果喇吉隧道第一条波为例来进行分析，其余地震波的处理方法与之类似，不再赘述。该条地震波的目标反应谱与计算反应谱如图 3-10 所示。

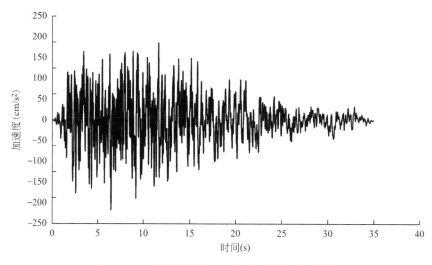

图 3-7 大宝山隧道第一条基岩加速度时程曲线

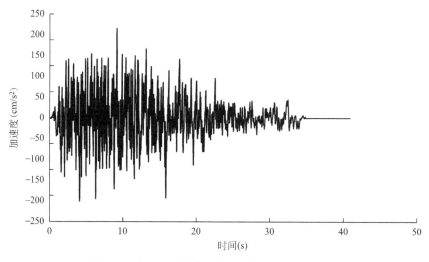

图 3-8 大宝山隧道第二条基岩加速度时程曲线

图 3-10 中的设计反应谱是人工数值模拟合成基岩加速度时程所用的目标谱，地震波标准化反应谱，是合成的加速度时程计算所得的反应谱。从图 3-10 中可以看出，计算谱与目标谱的频谱特性符合程度较好，说明本次采用的人工合成的地震波能很好地反应场地地震动的基本特性，能够满足场地地震动的要求，符合抗震时程模拟计算对地震波的要求。

地震动的三要素为振幅、频谱以及持时，一般的地震波，只能从时间轴上来观察地震动的特性，而不能直接从频率轴上看出其特征分布，想要确定地震波的

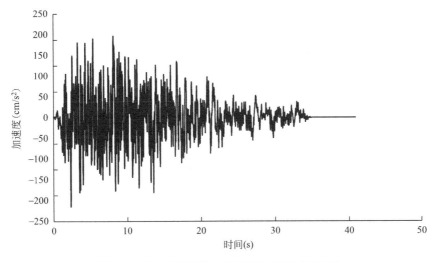

图 3-9　大宝山隧道第三条基岩加速度时程曲线

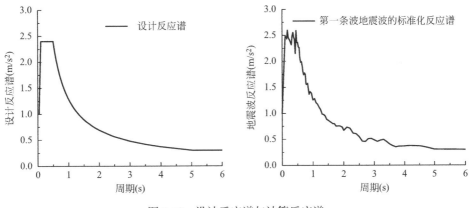

图 3-10　设计反应谱与计算反应谱

频率特征就必须了解地震波的频域分布或者在时域—频域中的联合分布，这就需要对地震波进行频谱分析。

地震波的频谱特性是指地震波形中频率的分布特征，如果对地震波用傅立叶变换进行处理，可以从时域数据变换到频域数据。从频域数据变换到时域数据，则可以通过傅立叶逆变换得到[121,122]。

（1）傅立叶谱与功率谱

周期函数都可以通过分解为傅立叶级数的方法来分析它是由哪些谐波分量所组成的。由于强震加速度是非周期函数，因此可将它表示为傅立叶积分的形式。设加速度的时程为 $H(t)$，其傅立叶积分形式可以写成：

$$F(f) = \frac{1}{2\pi} \int_{-\infty}^{+\infty} H(t) e^{-j2\pi ft} dt \qquad (3-1)$$

式中，$F(f)$可以写成实数与虚数两项的表示形式，令$R[F(f)]$代表实数部分，$I[F(f)]$代表虚数部分，则有：

$$A(f) = |F(f)| = \sqrt{(R[F(f)])^2 + (I[F(f)])^2} \qquad (3-2)$$

通常$A(f)$称为傅立叶振幅谱，也称为傅立叶幅值谱。功率谱是功率谱密度函数的简称，它的定义为地震动时程$H(t)$傅立叶幅值谱的平方平均值。

$$S_x(f) = \lim_{T \to \infty} \frac{2\pi}{T} |A(f)|^2 \qquad (3-3)$$

在此对勒不果喇吉隧道第一条地震波进行傅立叶谱以及功率谱分析，结果如图 3-11 所示。

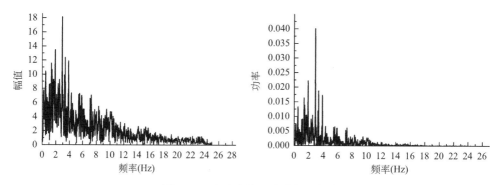

图 3-11　地震波傅立叶谱与功率谱

从图 3-11 可以看出，地震波的最大频率为 25Hz，地震波的卓越频率约为 3.5Hz，从功率谱中可以看出，地震波的主要能量集中在 15Hz 以内的低频范围内。傅立叶谱是把地震动时程看作是不同频率的谐波函数叠加时的各谐波分量在总量中的比例，反映了地震动能量在频域中的分布，显示了不同频率的谐波振动所携带的能量，而功率谱则反映了地震动能量在频率轴上的分布。

在抗震数值模拟中，持时是一个重要的因素，一般受计算条件的限制，常常只能取地震波时程中的一段时间作为输入地震动，但是这段时间应该包含地震波中所包含的绝大部分能量，这样才能最大限度地减少由于减少地震波持时给计算结果带来的误差。

地震动时程曲线只能在时域内观察地震波的特性，而傅立叶谱与功率谱则只能在频域内观察地震波的特性，无法显示地震波能量与频率和持时的三方联合关系。为了更清晰地表示地震波在时域以及频域内的分布，需要用时间与频率的联合函数来表示地震动，为此可以采用时频分析的方法来对地震波加以分析。

（2）地震波的时频分析

时频分析，是描述信号频率随时间变化的信号处理方法。采用时间-频率联合表示信号，将一维的时间信号映射到一个二维的时频平面，在时频域内对信号进行分析，全面反映观测信号的时频联合特征，使我们同时掌握信号的时域及频域信息，而且可以了解信号的频率随时间变化的趋势[123]。

时频分布的方法主要有短时傅立叶变换、小波变换以及 Wigner-Ville 分布等，其中 Wigner-Ville 分布有良好的应用性与可操作性，应用较为广泛[124]。本书采用 MATLAB 软件自带的时频分析工具箱，利用 Wigner-Ville 分布的原理编制计算程序，对勒不果喇吉隧道第一条地震波进行时频分析，分析结果如图 3-12、图 3-13 所示。

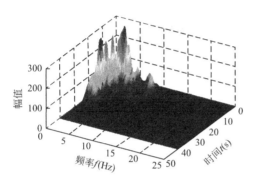
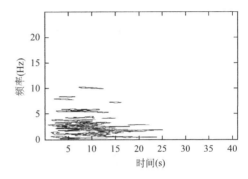

图 3-12　地震波时频分解三维图　　　　图 3-13　地震波二维时频分解图

从图 3-12 中可以比较形象地看出地震波能量在时域以及频域内的分布状况，地震波中几次较高的能量峰点发生时刻为 5s、10s 和 15s 左右，相应的频率在 12Hz 以内，而在 15s 以后和 12Hz 以外的地震波的能量与总能量相比，所占的比例已经很小，因此可以取地震波前 15s 进行计算，在不损失大部分地震波能量的前提下，可以节省机时。从图 3-13 中可以看出，地震波的绝大部分能量都集中在前 15s 内，同时基本集中在 12Hz 以内。因此本书的数值计算采用地震波前 20s 时长进行地震时程分析。

3.1.3　滤波以及模型网格尺寸的确定

在地下结构的动力分析中，输入波的频率成分以及波速等特征对计算结果影响较大，根据 Lysmer 等[99] 的研究结果，要在计算模型中准确捕捉波动效应，沿波传播方向的模型的单元尺寸必须小于输入波最高频率成分所对应波长的 $1/10 \sim 1/8$，即：单元长度 $\Delta l \leqslant (\lambda/10 \sim \lambda/8)$。

为了满足网格尺寸与波长之间的关系，有时需要把模型网格剖分得很细，耗费大量计算机时。为了提高计算效率，需要适当增加网格尺寸，同时还要满足计算精度的要求，这可以通过增大地震波的最小波长，也就是减小地震波的频率来实现。具体来说，就是对地震波设定一个最高截止频率，将地震波中的高频成分滤掉。

通过上述对地震波的频谱分析可知，地震波的 12Hz 以内低频成分包含了绝大部分能量，因此可以采用滤波的办法除去地震波时程中的高频成分，从而提高计算效率，而不影响计算结果的准确性。通常可以采用快速傅立叶变换进行低通滤波。本次计算采用 15Hz 滤波作为截止频率进行低通滤波。如图 3-14 所示为对地震波低通滤波后的加速度时程曲线。

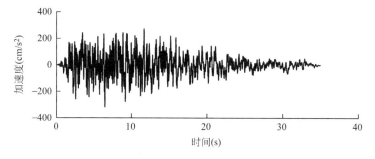

图 3-14　滤波后的加速度时程曲线

为了保证滤波后的地震波能够满足原有的场地条件，也就是能反应原来场地的地震动特性，必须保证滤波后地震波的加速度反应谱与原来的加速度反应谱基本相同。为此对二者的反应谱加以对比，如图 3-15 所示。从图中可以看出原地震波加速度反应谱与滤波后的加速度反应谱基本重合，因此，滤波后的加速度时程可以采用。

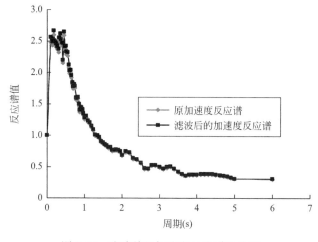

图 3-15　滤波前后加速度反应谱对比图

3.1.4 地震波基线校正

由于测量和计算等各多种因素的影响,加速度时程中总是或多或少存在一定的误差信号,这种误差在加速度时程曲线中表现不明显,但是如果将加速度时程积分为速度和位移时程曲线,将使速度时程曲线与位移时程曲线偏离零线,产生所谓的基线漂移现象,如不将真值与误差信号分离,直接输入所积分的地震波时程,计算结果必将偏离实际的地震反应。因此,在计算之前,必须对地震波进行基线校正。

在时域内进行基线校正的算法很多,其中的最小二乘法可以保证加速度、速度和位移之间的积分关系,不改变校正后地震波的频谱特性,故应用十分广泛[125]。本书根据最小二乘原理,利用 MATLAB 软件,编制了地震波的基线校正程序,对 50 年超越概率为 10% 的勒不果喇吉隧道第一条地震波进行了基线校正,地震波校正前后的对比情况如图 3-16～图 3-21 所示。

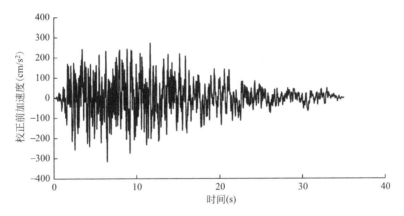

图 3-16　勒不果喇吉隧道第一条地震波校正前的加速度时程

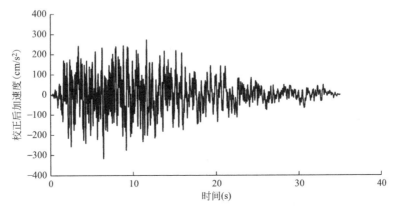

图 3-17　勒不果喇吉隧道第一条地震波校正后的加速度时程

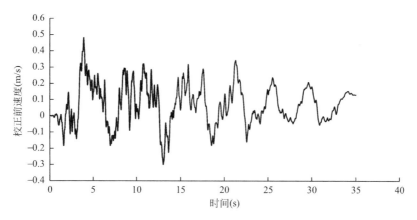

图 3-18　勒不果喇吉隧道第一条地震波校正前的速度时程

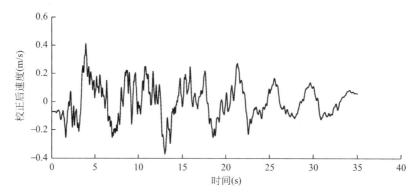

图 3-19　勒不果喇吉隧道第一条地震波校正后的速度时程

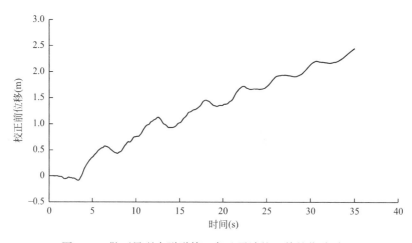

图 3-20　勒不果喇吉隧道第一条地震波校正前的位移时程

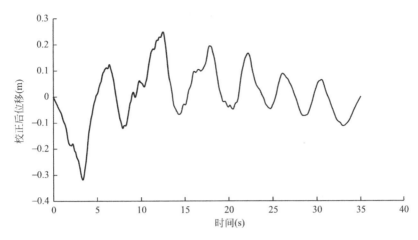

图 3-21 勒不果喇吉隧道第一条地震波校正后的位移时程

从图中可以看出，校正后的加速度与原加速度波形之间比较相似，但是在速度与位移的图形上差别较大，如不经过校正，将产生 0.13m/s 的速度漂移以及 2.45m 左右的位移漂移，这将对计算结果产生显著的影响，经过校正后，可以得到较为准确的加速度、速度以及位移时程。

3.2 人工边界的选择

地下结构抗震的数值模拟需要从半无限的地球介质中切取出有限计算区，受计算条件的限制，模型的范围不能取得过大，因此需要在模型周围建立人工边界以模拟连续介质的辐射阻尼，保证由结构产生的散射波从有限计算区穿过人工边界而不发生反射。这是决定地下结构数值计算精度的重要前提和保证，也是地下结构不同于地面结构计算的基本特点。

3.2.1 目前常用的人工边界处理方法

（1）无穷元法

无穷元是外部区域向无穷远处延伸的辐射状窄条[126]，其基本原理是利用 Lagrange 插值函数和衰减函数的乘积来构造形函数，由于衰减函数与所传播的波的频率有关，因此无穷元主要在频域内建立，难以适用于非线性材料。

（2）边界元法

边界元也称为边界积分方程法[127]，兴起于 20 世纪 60 年代，通常把场的控制微分方程和定解条件变换成边界上的积分方程，然后运用与有限元相似的方法对边界进行离散，从而把边界积分方程转换成代数方程求解。其计算精度与效率较高但通用性较差，前后处理比较困难，主要适于规则区域的线性匀质问题。

（3）远置人工边界条件

远置人工边界，即当人工边界的尺寸足够大，结构动力反应在给定时间长度内可以完全避免人工边界的影响。远置人工边界方法原理简单，实施方便，但它只适用于要求的计算时间较短和运动形式较简单的情形[128]。

（4）叠加边界条件

叠加边界条件又称 Smith 边界，其基本思想是将透射边界分解为两个已知非透射边界，分别求出两个边界问题的解，再通过叠加获得满足透射边界条件的解。由于其难以处理波的多次反射问题，故其实际应用受到限制[129]。

（5）一致边界条件

它是根据弹性波场在刚性基底成层弹性介质中的传播规律导出的，基于面波形函数展开的方法建立，是一种精确的人工边界，并已获得一定应用，但主要局限于二维情形，且须假定基底为刚性，故限制了其在三维复杂地形中的应用[130]。

（6）透射边界

20 世纪 70 年代末，廖振鹏等提出了建立人工边界条件的一个简单思想，即从近场区内射出的各种外行波动可以通过引入一个假定的波速近似地加以模拟，建立了现称之为一阶透射公式的局部人工边界并应用于三维地形散射问题[131]。

（7）黏性边界

黏性动力人工边界最早是由 Lysmer 等[99] 基于一维平面波动理论提出来的。模型底部采用黏性边界，能够模拟地震能量传至基础地面时，一部分地震波被基础地面反射后的能量逸散，侧面采用黏性边界能够模拟地震能量向两侧方向无限远处逸散。黏性边界能够很好地满足地下结构的动力模拟分析需要，计算速度较快且不容易失稳，是目前应用最为广泛和成熟的人工边界之一。本书数值计算使用的 FLAC3D 软件的内置边界条件之一就是黏性边界。

3.2.2 黏性边界的波动输入

黏性人工边界的方程可写为：

$$\sigma = a\rho C_p v_n = c_p v_n \tag{3-4}$$

$$\tau = b\rho C_s v_s = c_s v_s \tag{3-5}$$

式中，v_n、v_s 分别为边界处的法向和切向速度；C_p、C_s 分别为介质的纵波（P 波）及剪切波（S 波）的传播速度；ρ 为介质的密度；a、b 是待定常数，可根据边界处波的反射与折射理论确定。

在人工边界上施加满足式（3-4）、式（3-5）的黏性边界条件后，就可以消除在人工边界上产生的反射波，从而精确地模拟波由近场向远场传播。

以 P 波入射为例来验证黏性边界对能量的吸收，设泊松比 $\mu=0.25$，边界处单位面积反射波能量为 E_r，入射波能量为 E_i，则在简谐振动的情况下有：

$$E_r/E_i = A^2 + \sqrt{\frac{1-2\mu}{2(1-\mu)}} \frac{\sin\theta_b}{\sin\theta} B^2 \qquad (3-6)$$

式中，θ、θ_b 分别为 P 波入射角和反射波分量 S 波的反射角；A、B 分别为入射波和反射波的振幅，则可得计算结果如图 3-22 所示[132]。

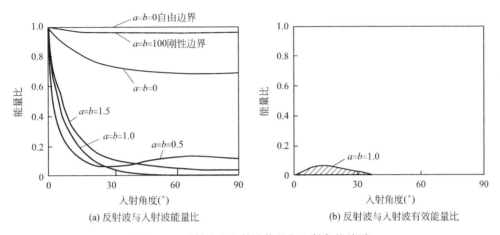

图 3-22　反射波和入射波能量与入射角的关系

可以看出：相当于完全吸收能量的黏性边界大致对应 $a=b=1$ 的情况，且入射角越小，吸收能量的效果越好。

设 $u_0(x,y,t)$ 是已知的入射波场向量，在入射波作用下，黏性边界 E 点处的位移为 $u_0(x_E,y_E,t)$。则黏性边界准确实现波动输入的条件为：

位移：$\qquad u(x_E,y_E,t)=u_0(x_E,y_E,t) \qquad (3-7)$

应力：$\qquad \sigma(x_E,y_E,t)=\sigma_0(x_E,y_E,t) \qquad (3-8)$

黏性边界上所需施加的动力激励为[88]：

$$f_{Ex}(t)=2\rho c_s \cos\theta \dot{u}_E \qquad (3-9)$$

$$f_{Ey}(t)=2\rho c_p \sin\theta \dot{u}_E \qquad (3-10)$$

式中，c_p、c_s 分别为 P 波和 S 波波速；ρ 为介质的密度。

当 $\theta=0°$ 时，所需施加的动力激励为：

$$f_{Ex}=2\rho c_s \dot{u}_B = 2\rho\sqrt{\frac{\mu}{\rho}}\dot{u}_B = 2\sqrt{\mu\rho}\dot{u}_B \qquad (3-11)$$

$$f_{Ey}=0 \qquad (3-12)$$

对于二维和三维情况，需要在边界点的双向（二维）或三向（三维）施加物理元件构成人工边界，此时首先求出人工边界上由入射波场产生的应力，然后求出每个方向上所需施加的应力，即可完成波动的输入。

3.3 地下结构动力分析的数值方法

在地下结构抗震分析中用得较多的数值分析方法主要有：有限元法、边界元法、有限差分法、离散元法，以及各种耦合算法等[133]。这些方法各有特定和适应性，其中有限差分法可以准确地模拟材料的屈服、塑性流动、软化直至有限大变形，尤其在材料的弹塑性分析、大变形分析以及模拟施工过程等领域有其独到的优点[134]。基于有限差分法开发的数值分析软件 FLAC 基本上是专为解决岩土力学问题而开发的专用程序，特别适合分析岩土介质的力学性质。本书的数值分析即采用 FLAC3D 来计算。FLAC 是 Fast Lagrangian Analysis of Continua 的缩写，可翻译为连续介质快速拉格朗日分析，FLAC3D 是其中的三维分析软件，自问世后，经不断升级，功能日趋强大和完善。前国际岩石力学学会主席 C. Fairhurst（1994）曾这样评论："现在它是国际上广泛应用的可靠程序"[54]。

FLAC3D 采用迭代法求解，节省了内存与机时，采用了"混合离散化"来模拟材料的塑性力学性质，比有限元法的降阶积分更为精确和合理。FLAC3D 的显式差分法几乎可以在求解线性应力-应变本构方程相同的时间内，求解任意的非线性应力-应变本构方程，提高了解决问题的速度。FLAC3D 的动力分析采用的是全程非线性方法，可以比较准确地模拟材料的物理性质并分析和计算其物理非稳定过程。

FLAC3D 应用于动态分析需要注意下面几个问题：①动态荷载的输入和边界条件；②模型波的传播；③力学阻尼。其中前两个条件已在前述内容进行了论述，在此不再重复，需要注意的是 FLAC3D 采用的黏性边界是基于应力的等效能量吸收边界，因此，对模型的地震波输入不能直接采用加速度波，而应该将加速度波积分为速度波或应力波再施加于模型，通过两种波形的比较，可见地震波的基线校正部分。以下对 FLAC3D 中采用的材料阻尼形式进行简介。

FLAC3D 的阻尼形式主要有瑞利阻尼和局部阻尼。

（1）瑞利阻尼

瑞利阻尼最初用于结构和弹性连续体的分析，以减弱系统的自然摆动模式的振幅，方程式以矩阵的形式表达：

$$C = \alpha M + \beta K \quad (3-13)$$

式中，α 为与质量成比例的阻尼常数；β 为与刚度成比例的阻尼常数；M 为质量矩阵；K 为刚度矩阵。

对于多自由度系统，其角频率 ω_i 与临界阻尼比 ξ_i 有如下关系式：

$$\xi_i = \frac{1}{2}\left(\frac{\alpha}{\omega_i} + \beta\omega_i\right) \tag{3-14}$$

如果已知结构的临界阻尼比以及前两阶频率,则可求得结构的瑞利阻尼。

(2) 局部阻尼

局部阻尼主要通过在振荡循环过程中添加和删减单元节点或结构节点质量来产生作用。实现方法是将阻尼加到动力平衡方程中,可表示为:

$$F_i^{<l>} + l_i^{<l>} = M^{<l>}\left(\frac{\mathrm{d}v_i}{\mathrm{d}t}\right)^{<l>} \quad (l=1,2,\cdots,n) \tag{3-15}$$

式中,$F_i^{<l>}$ 为广义不平衡力;v_i 为速度;$l_i^{<l>}$ 为阻尼,由阻尼系数确定。

FLAC3D 中的局部阻尼方程类似于滞后阻尼,每次循环中的能量损耗不受该循环步应变率的影响,而且不必确定频率,使用比较简单,物理意义也比较明确。

3.4 地下结构动力分析的模型范围

由前述可知,由于岩土介质的无限性,在数值模拟的过程中需要截取一定范围的有限区域来模拟无限介质,并设置人工边界条件。人工边界的选取范围理论上是越大越好,尽可能远离隧道以消除边界对隧道的影响,但如果模型过大,需要耗费大量机时,取值过小则可能会产生较大的误差。因此,有必要通过试算来确定动力条件下合理的模型范围。

以山岭隧道洞身为例,设隧道中线距一侧边界的宽度为 B,隧道直径为 D,则分别建立 $B=2D$、$3D$、$4D$、$5D$、$6D$、$8D$ 情况下的数值分析模型。模型纵向长度为 $6D$,埋深为 $3D$,底部边界距隧道中心为 $6D$,取纵向长度为 $3D$ 处的拱顶和仰拱为监测点,从模型底部垂直输入 20s 时长且校正后的 10% 超越概率地震波进行计算。数值分析模型示意如图 3-23 所示,计算结果如图 3-24、图 3-25 所示。地震波输入截止时刻隧道及围岩的竖向应力云图结果如图 3-26~图 3-31 所示。

不同范围边界情况下数值分析模型的单元和节点数分别为:

(1) $B=2D$:19760 个单元,21777 个节点。

(2) $B=3D$:23840 个单元,26187 个节点。

(3) $B=4D$:26560 个单元,29127 个节点。

(4) $B=5D$:29280 个单元,32067 个节点。

(5) $B=6D$:33360 个单元,36477 个节点。

(6) $B=8D$:40160 个单元,43827 个节点。

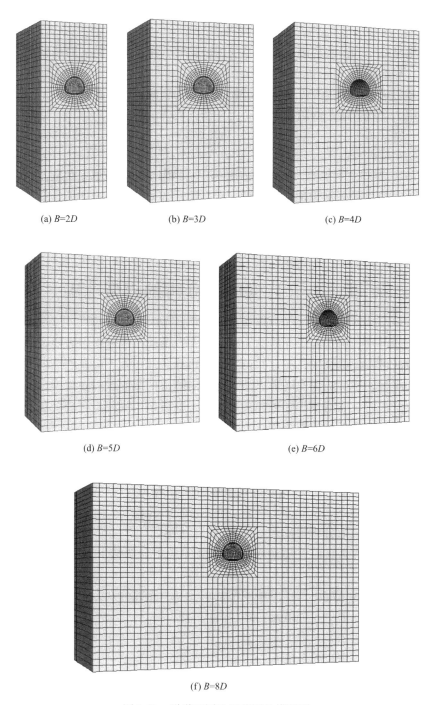

(a) $B=2D$ (b) $B=3D$ (c) $B=4D$

(d) $B=5D$ (e) $B=6D$

(f) $B=8D$

图 3-23 隧道不同边界范围的模型图

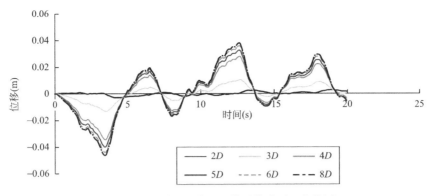

图 3-24　不同边界范围下拱顶位移时程曲线图

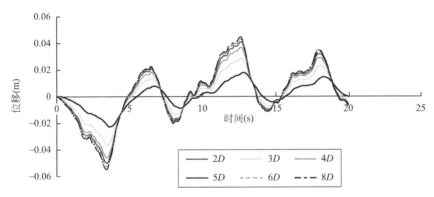

图 3-25　不同边界范围下仰拱位移时程曲线图

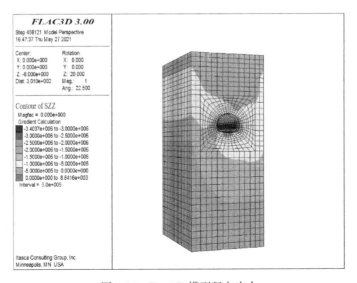

图 3-26　$B=2D$ 模型竖向应力

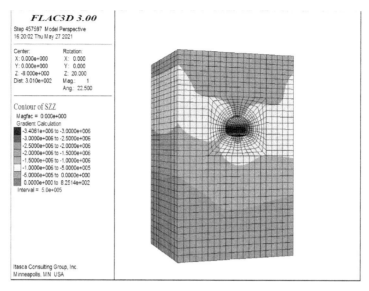

图 3-27　$B=3D$ 模型竖向应力

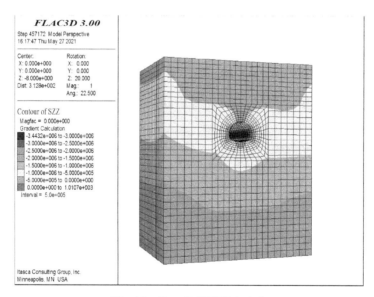

图 3-28　$B=4D$ 模型竖向应力

由图 3-24、图 3-25 可以看出，当模型范围 B 为 $4D$ 后，模型监测点的位移时程曲线已经比较接近，达到 $5D$ 后，位移曲线除了在少数几个峰值略有差别外，大部分已经十分接近，可以认为在模型范围 $5D$ 以上的隧道结构变化几乎相同。

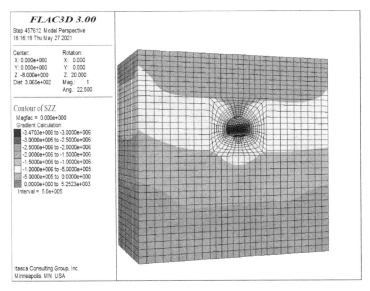

图 3-29　$B=5D$ 模型竖向应力

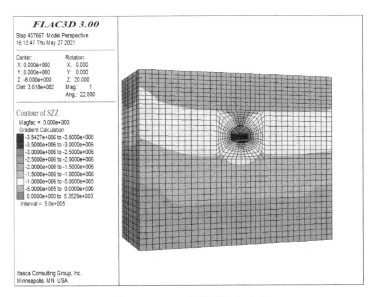

图 3-30　$B=6D$ 模型竖向应力

从图 3-26～图 3-31 可以看出，不同边界范围下的隧道衬砌和围岩竖向应力分布情况基本相似，只是随着围岩边界范围增加，隧道拱顶围岩的分布范围略有差异。当模型宽度为 5D 后，其应力分布已经基本稳定。所以，可以选择 5D 作为数值计算模型一侧范围的选定依据。

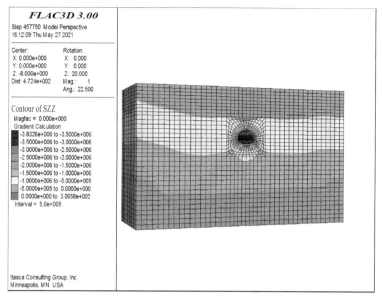

图 3-31　$B=8D$ 模型竖向应力

3.5　本章小结

本章针对地下结构动力响应的几个关键问题进行了研究,得出以下结论:

(1) 在地下结构的抗震分析中,要求施加的地震波必须能够满足拟建工程所处场地的地震动特性,这可以通过人工合成地震波来解决。

(2) 为了提高计算效率并保证计算的精度,需要对地震波进行频谱和时频分析,确定地震波的卓越频率,据此对地震波进行滤波处理。为了消除地震波的漂移现象,可以采用最小二乘法对地震波进行基线校正,并截取地震波的部分时程进行数值计算。

(3) 合理选用模型的人工边界对于地下结构的动力分析十分重要,其中黏性边界可以有效地反应波向外传播的逸散特性并消除波在边界的反射,计算速度较快且不易失稳,是一种应用广泛且比较成熟可靠的人工边界。

(4) 由于岩土介质的力学性质比较复杂,一般的通用软件计算不容易收敛且计算速度较慢,而采用岩土专用软件如 FLAC3D 进行模拟是比较可靠实用的一个选择。

(5) 数值模拟中,模型的取值范围也十分重要,这是计算结果是否可靠的前提和保证。计算表明:选取模型半宽 $B=5D$ 及以上可满足要求。

第 4 章

双洞山岭隧道地震响应数值分析

4.1 工程概况

雅安-泸沽高速公路为"7918"国家高速公路网北京～昆明、西部通道兰州～磨憨公路的一段，位于我国典型的川滇南北构造体系北段以及青藏高原川滇缅印尼歹字型地质构造体系中段的复合部位。雅安-泸沽高速公路多次跨越地震活跃断层，地震设防烈度最低 7 度，最高达到 9 度，地震动峰值加速度最低为 $0.15g$，最高达到 $0.4g$。线路设计地震动参数在当前国内新建高速公路中较高，其设计有石棉、徐店子、大宝山、扯羊、勒不果喇吉等多座隧道，皆位于高烈度地震区。其中，石棉、徐店子、大宝山三座隧道位于 8 度烈度区，扯羊、勒不果喇吉两座隧道位于 9 度烈度区。本章节以 9 度烈度区的勒不果喇吉隧道为典型研究背景，进行双洞山岭隧道的地震响应数值分析，包括对勒不果喇吉隧道的洞身和洞口段进行的地震响应分析。对于 8 度烈度区隧道结构，由于其洞口段是抗震薄弱环节，限于篇幅，在此仅对 8 度地震区的隧道洞口段进行数值分析，以大宝山隧道为典型背景进行研究。在后续的章节中，如无特别说明，山岭隧道模型的分析和计算均是以 9 度烈度区的勒不果喇吉隧道为背景，采用的地震波是勒不果喇吉隧道第一条地震波。

雅泸高速公路勒不果喇吉隧道洞口段平面示意如图 4-1 所示。

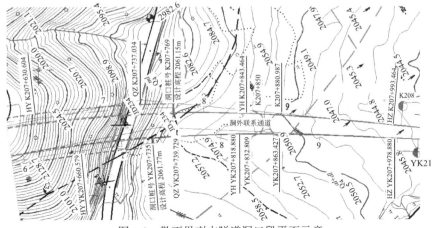

图 4-1 勒不果喇吉隧道洞口段平面示意

勒不果喇吉隧道是雅泸高速公路通过勒不果喇吉山脊而设的分离式隧道，左线起止桩号 K205+540～K207+769，长度 2229m，右线起止桩号 YK205+502～YK207+735，长度 2233m，其纵断面如图 4-2 所示，隧道横断面如图 4-3 所示，围岩性质和支护计算参数见表 4-1。

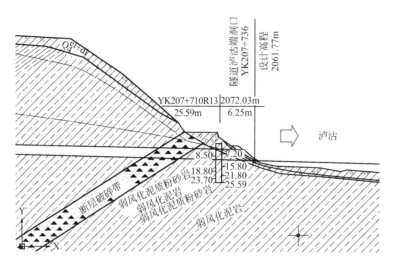

图 4-2　勒不果喇吉隧道纵断面图

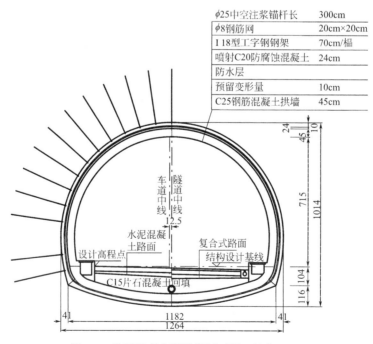

图 4-3　勒不果喇吉隧道横断面图（单位：cm）

围岩与支护计算参数表　　　　　　　　表 4-1

围岩、支护材料	密度(kg/m³)	弹性模量(GPa)	泊松比	黏聚力(kPa)	摩擦角(°)
地表风化层	2200	2.0	0.40	180	28
围岩	2200	2.7	0.35	300	30
注浆层	2300	5.0	0.20	500	35
初期支护	2200	22.0	0.20	—	—
二次衬砌	2500	29.5	0.2	—	—

根据钻探揭露及地表调绘，隧址区地层主要为三叠系上统～侏罗系下统白果湾群泥岩、粉砂质泥岩、泥质粉砂岩及石英砂岩、碳质泥岩、上覆新生界第四系全新统覆盖层。

隧道洞身岩体为弱风化粉砂质泥岩、泥岩、泥质粉砂岩、石英砂岩、碳质泥岩，根据波速测试结果，隧道洞身岩体泥岩、粉砂质泥岩、石英砂岩、泥质粉砂岩、碳质泥岩，完整性系数 K_v 分别为 0.31、0.38、0.29、0.31、0.34，洞身段岩体完整性差，属于较破碎～破碎状态，为裂隙块状、镶嵌碎裂结构。

隧址区主要构造为安宁河活动断裂带，该断层规模大，断层活动具长期性、间歇性和续承性，具有显著的全新世活动的特点，受安宁河大断裂带的影响，岩体较破碎～破碎，完整性差，次生断层、次级褶皱、构造裂隙等十分发育。岩体被挤压破坏，有扭曲现象，见有擦痕，并伴随有层间小错动、小揉皱等现象。

在隧道泸沽端洞口右线往西 15～20m 处，为 G108 国道开挖边坡揭露的断层构造破碎带，断层倾向约 120°～135°，倾角约 50°～56°，破碎带宽度约 12.0～13.5m，推测断层延伸距离约 400～600m，属于正断层。该断裂呈近南北向，与安宁河断裂、垭口村断层平行，为其派生断裂。断层构造破碎带呈棕红色，主要由泥质粉砂岩碎块、角砾和低液限黏土组成，泥质微胶结，稍湿，中密～密实，未见有泉眼及地下水渗出，推测隧道穿过断层破碎带时其富水性较差。

根据专业地震部门的评价：隧道场地内 50 年超越概率 10% 的地震烈度为 8.9 度，地震基本烈度为Ⅸ度，基岩水平峰值加速度为 315cm/s²，地震动反应谱特征周期为 0.40s。

4.2　地震作用方向对隧道地震响应的影响

地震波在岩体内传播时可分为纵波、剪切波两种，但在三维数值计算中，波动数据只是波动加速度在空间三个方向分量的时程数据。不同的地震作用方向，对隧道结构的安全影响是不同的，为了比较三个方向的地震波对隧道结构的影响，采用埋深为 3D（3 倍隧道洞室直径）的洞身模型分别在隧道横向和纵向施加剪切波，在竖向施加纵波，并比较其计算结果，以确定最危险的地震作用方向。计算参数按表 4-1 选取，为简便起见，本次计算采用弹性本构关系。计算模型与地震波选取同 3.4 节，选取边界范围为 5D。此外，后续章节的计算参数和地震波选取，若无特别说明均按此标准选取。表 4-2 为隧道拱顶的计算结果汇总，其中内力下标 x 表示横向内力，下标 y 表示纵向内力。图 4-4～图 4-6 为不同地震波作用下的拱顶位移响应时程。图 4-7～图 4-15 为地震波作用停止时刻隧道结构的横向内力云图。

不同地震作用方向下隧道拱顶计算结果　　　　表 4-2

计算项目	X 向地震波	Y 向地震波	Z 向地震波
峰值位移(cm)	4.01	1.78	2.31
峰值弯矩 M_x(kN·m)	21.80	16.60	18.10
峰值弯矩 M_y(kN·m)	4.34	3.40	3.90
峰值剪力 Q_x(kN)	22.30	17.30	11.00
峰值剪力 Q_y(kN)	2.60	1.80	0.80
峰值轴力 N_x(kN)	−291.60	−246.10	−286.80
峰值轴力 N_y(kN)	−46.20	−35.30	−43.60

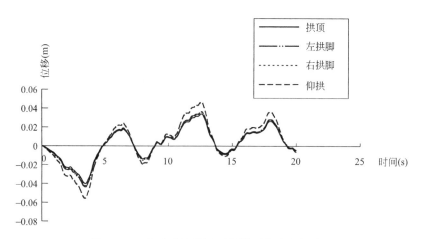

图 4-4　X 向地震波作用下的拱顶位移响应时程

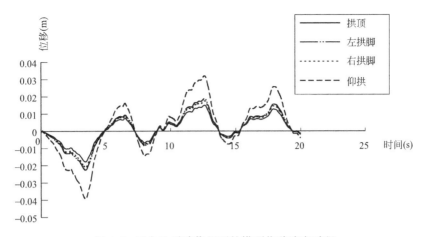

图 4-5 Y 向地震波作用下的拱顶位移响应时程

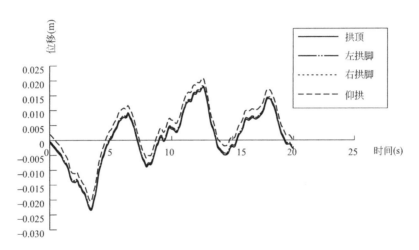

图 4-6 Z 向地震波作用下的拱顶位移响应时程

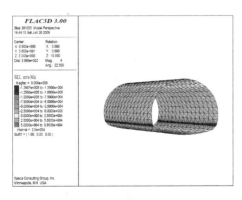
图 4-7 X 向地震波作用下弯矩云图

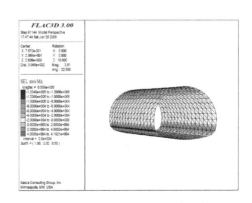
图 4-8 Y 向地震波作用下弯矩云图

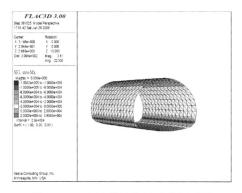
图 4-9 Z 向地震波作用下弯矩云图

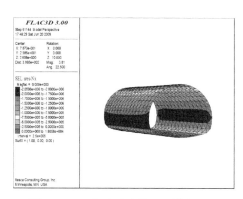
图 4-10 X 向地震波作用下轴力云图

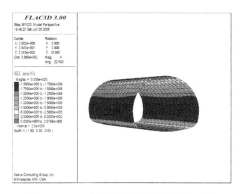
图 4-11 Y 向地震波作用下轴力云图

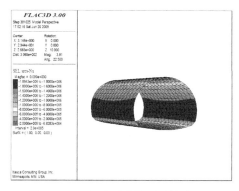
图 4-12 Z 向地震波作用下轴力云图

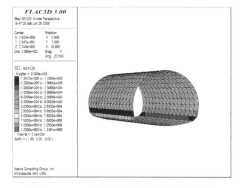
图 4-13 X 向地震波作用下剪力云图

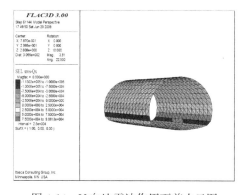
图 4-14 Y 向地震波作用下剪力云图

由计算结果可以看出，三个方向地震波作用下的隧道结构横向内力均远大于其纵向内力,所以对横向内力的评价是地震动力作用下隧道结构计算的重点。其中,横向地震波作用下的隧道结构内力和位移均大于其他两个方向,也可以说横向地震作用可以使隧道结构产生更强烈的动力响应和内力变化,因此,可以认为隧道横向就是最危险的地震作用方向,故本章主要按横向地震作用方向的隧道横向内力进行研究。

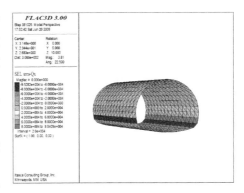

图 4-15　Z 向地震波作用下剪力云图

4.3　埋深对隧道地震响应的影响

研究表明,地震作用下,隧道的破坏以浅埋为主,一般来说,隧道的埋深越大,其震害就越小,因此,浅埋隧道的震害调查和研究是当今地下结构抗减震研究的热点和难点。但是在动力作用下,如何确定隧道埋深是深埋还是浅埋,当前并没有确定的标准。目前的研究多是参照静力作用下隧道深浅埋的划分标准来进行估算,但由于动力作用下,隧道结构的响应比静力荷载下要复杂得多,因此,参照静力荷载下的深、浅埋界定依据并不充分。为此,本书以单洞隧道为例,运用数值模拟的方法来进行不同埋深下隧道结构的响应分析,以期确定地震响应下隧道的深埋与浅埋问题。

以隧道直径 D 为基准,分别选取埋深为 D、$2D$、$3D$、$4D$、$5D$、$6D$、$8D$、$10D$ 的情况建立模型,隧道纵向长度和隧道底部边界取为 $6D$。二次衬砌以及初期支护采用弹性本构,围岩采用 mohr-coulomb 屈服准则和弹塑性增量本构关系。其模型示意可参阅计算结果分析中的围岩塑性破坏示意图,不再单独列示。不同埋深下的模型单元和节点数分别为:

(1) D:17775 个单元,19888 个节点。

(2) $2D$:19455 个单元,21744 个节点。

(3) $3D$:21135 个单元,23600 个节点。

(4) $4D$:22815 个单元,25456 个节点。

(5) $5D$:24495 个单元,27312 个节点。

(6) $6D$:26175 个单元,29168 个节点。

(7) $8D$:29535 个单元,32880 个节点。

(8) $10D$:32895 个单元,36592 个节点。

为明确起见，本书对隧道结构各监测点的位置做如下规定，如图 4-16 所示。1 为拱顶，2、3 为左右拱肩，4、5 为左右拱腰，6、7 为左右墙脚，8 为仰拱。

图 4-17 为不同埋深下拱顶位移的动力时程曲线，由图可见，随着埋深的增加，拱顶位移的幅值是逐渐减小的，但在隧道埋深超过 8D 后，拱顶的响应位移时程基本一致，不再有大的变化。

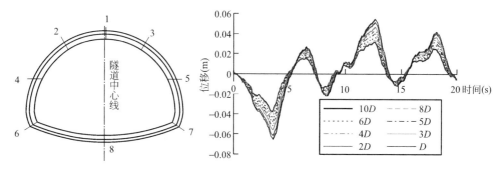

图 4-16　隧道监测点分布示意图　　图 4-17　不同埋深下拱顶位移时程曲线

为了更好地说明埋深对隧道结构动力的影响，在此引入弯矩动力系数：

$$C_\mathrm{M}=M_\mathrm{D}/M_\mathrm{O} \tag{4-1}$$

式中　M_O——静力荷载下的弯矩值；

　　　M_D——动力荷载下的弯矩峰值。

同理可以定义剪力动力系数 C_Q 和轴力动力系数 C_N，这三个系数合称为内力动力系数。

选取拱顶、仰拱、左右边墙为监测点，则可得监测部位的内力动力系数随埋深变化的趋势，如图 4-18～图 4-21 所示。地震波作用停止时刻，可获得各埋深情况下围岩的塑性破坏状况，如图 4-22～图 4-29 所示。

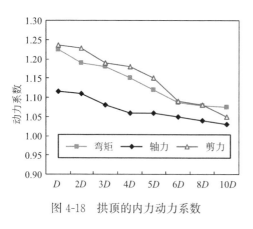

图 4-18　拱顶的内力动力系数

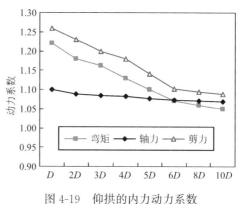

图 4-19　仰拱的内力动力系数

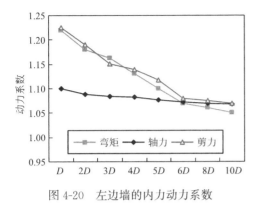

图 4-20 左边墙的内力动力系数

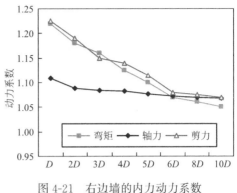

图 4-21 右边墙的内力动力系数

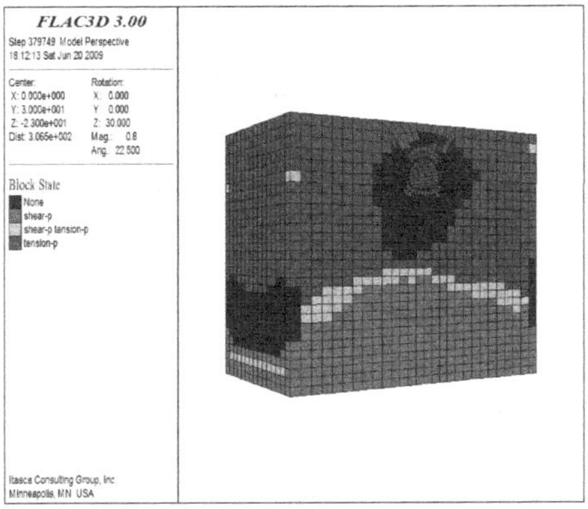

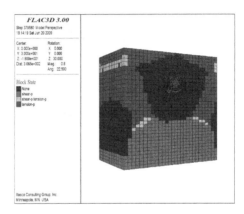

图 4-22 埋深为 D 的塑性区

图 4-23 埋深为 $2D$ 的塑性区

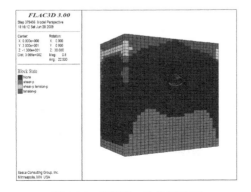

图 4-24 埋深为 $3D$ 的塑性区

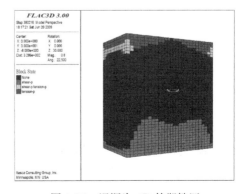

图 4-25 埋深为 $4D$ 的塑性区

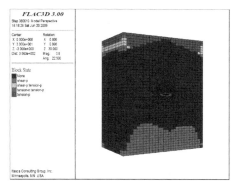
图 4-26 埋深为 5D 的塑性区

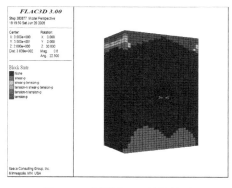
图 4-27 埋深为 6D 的塑性区

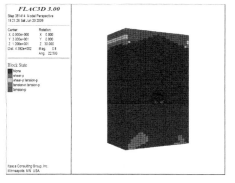
图 4-28 埋深为 8D 的塑性区

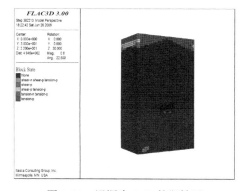
图 4-29 埋深为 10D 的塑性区

从图 4-18～图 4-21 可以看出，随着埋深的增加，内力整体上还是逐步增加的，但这是静力荷载和动力荷载作用下的合力，与隧道结构的初始内力相比，由地震波引起的动力作用是逐步减小的，其数值具体可由内力动力系数来反映，随着埋深的增加，内力动力系数逐步减小，并在埋深为 6D 以后逐步趋于一个常数。这说明地震动力对结构的影响随着埋深的增加是逐步减小的，当埋深较大时，结构的安全更多是由隧道和围岩的静载作用决定，这可以初步解释绪论部分的震害调查中所发现的震害较严重的地下结构大多发生在浅埋或超浅埋的情况，而深埋隧道发生严重震害的概率则小得多。

通过塑性破坏分布图进一步验证了上述结论，从图 4-22～图 4-29 可以看出，在同样的地震动力作用下，埋深为 D 的情况下，隧道围岩发生大面积屈服破坏，而随着埋深的增加，其发生塑性破坏的范围则越来越小，当埋深大于 8D 以后，除了地表风化层受到破坏外，可以认为隧道围岩没有发生明显的塑性破坏。

综上可知，在地震作用下的地下隧道结构随着埋深的增加，其安全性是逐步增加的，在埋深不小于 8D 的情况下，隧道结构在正常概率范围内的地震作用下是安全的。因此可以认为：在地震动力作用下，如果隧道埋深不小于 8D 就属于深埋，其在正常概率范围内的地震作用下比较安全。埋深小于 8D 则属于浅埋，在地震作用下可能会受到较大的破坏，应加强隧道结构的抗减震设计，这也是隧道等地下结构抗减震研究的重点。在隧道地震动力分析中，8D 可以称为隧道的临界埋深。本章的数值模拟分析正是针对双洞山岭隧道浅埋的情况进行的。

4.4　不同间距下双洞山岭隧道地震响应分析

本书主要探讨双洞山岭隧道的地震响应规律，由于两个洞室在动力作用下存在有相互作用，其地震响应更加复杂。由前述可知，横向地震作用下的浅埋隧道容易受到破坏，是抗震的薄弱环节，对抗震研究来说，其震害发生可能性较高的情况就是工作的重点。因此，探讨双洞山岭隧道在浅埋情况下的横向地震动力响应具有重要的理论指导意义和实践意义，本节和后面的计算都以此为前提。另外，为便于统一比较，计算中统一选取 3D（D 为隧道洞室直径，下文同此）的高度作为隧道埋深，隧道纵向长度为 6D，隧道底部边界距隧道中心为 6D。如无特别说明，在后续计算中选用的模型边界均用此值。

分别选取两隧道净间距为 0.5D、D、2D、4D、8D（相当于两隧道中心距为 1.5D、2D、3D、5D、9D）工况建立数值计算模型，如图 4-30 所示。各工况下的模型单元和节点分别为：

(1) 0.5D：44880 个单元，48678 个节点。

(2) D：50480 个单元，54684 个节点。

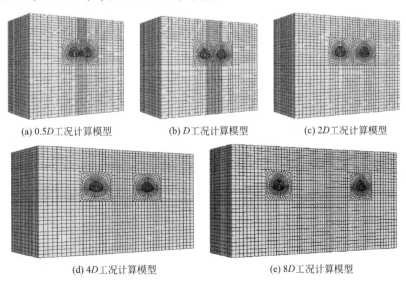

(a) 0.5D 工况计算模型　　(b) D 工况计算模型　　(c) 2D 工况计算模型

(d) 4D 工况计算模型　　(e) 8D 工况计算模型

图 4-30　不同间距下的双洞隧道模型

(3) 2D：46320 个单元，50169 个节点。
(4) 4D：51760 个单元，56049 个节点。
(5) 8D：64000 个单元，69279 个节点。

二次衬砌以及初期支护采用弹性本构，围岩采用 mohr-coulomb 屈服准则和弹塑性增量本构关系。此外，如无特别说明，后续计算中均采用此本构关系，不再赘述。

计算结果表明，随着隧道间距的增大，衬砌峰值内力和位移均逐渐减小，并逐步趋于一个稳定值。不同间距下的峰值位移和峰值内力变化趋势如图 4-31～图 4-38 所示，内力安全系数随隧道间距的变化趋势如图 4-39～图 4-44 所示。

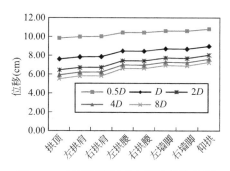

图 4-31　不同间距下的左洞峰值位移图

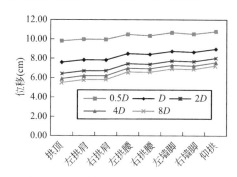

图 4-32　不同间距下的右洞峰值位移图

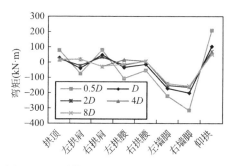

图 4-33　不同间距下的左洞峰值弯矩变化图

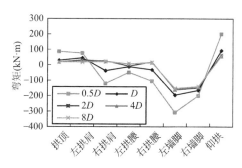

图 4-34　不同间距下的右洞峰值弯矩变化图

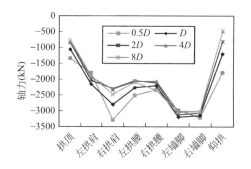

图 4-35　不同间距下的左洞峰值轴力变化图

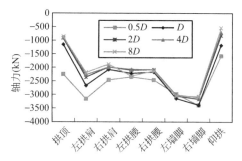

图 4-36　不同间距下的右洞峰值轴力变化图

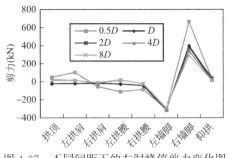

图 4-37 不同间距下的左洞峰值剪力变化图

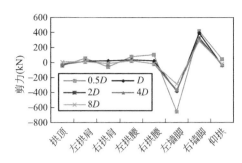

图 4-38 不同间距下的右洞峰值剪力变化图

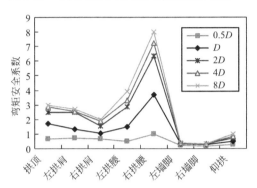

图 4-39 不同间距下左洞弯矩安全系数

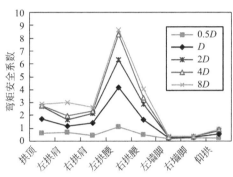

图 4-40 不同间距下右洞弯矩安全系数

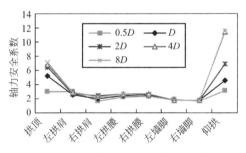

图 4-41 不同间距下左洞轴力安全系数

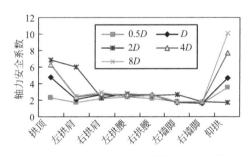

图 4-42 不同间距下右洞轴力安全系数

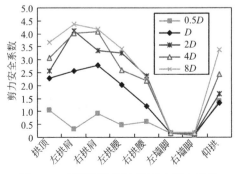

图 4-43 不同间距下左洞剪力安全系数

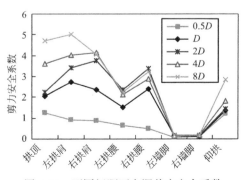

图 4-44 不同间距下右洞剪力安全系数

由图 4-31~图 4-44 可以看出，在横向正入射地震波作用下，两个洞室的内力、位移随着间距的增大而逐渐减小并趋于稳定，而相应的内力安全系数则逐渐增大。左右洞室的峰值内力和位移基本呈对称分布，其中，左洞右侧和右洞左侧的数值明显大于其余两侧的数值，这是由于地震波在两个洞室之间反复作用的结果，说明洞室之间存在明显的相互作用，间距越小，其相互作用越强烈。这与第 2 章中波动理论分析的结果是一致的。

鉴于左右洞室的内力呈对称分布，为节省篇幅，下面以地震波作用停止时刻的右洞衬砌的弯矩和围岩的塑性破坏随隧道间距的变化趋势为例来进一步说明洞室间距对隧道地震响应的影响，如图 4-45~图 4-54 所示。

综上可知，在地震波作用下，双洞山岭隧道的地震动力响应规律为：

（1）洞室间距越小，洞室衬砌的地震响应就越强烈，表现为衬砌内力和位移均较大，表明在洞室之间存在明显的相互作用，增强了洞室衬砌的地震响应，随着间距变大，其地震响应逐渐减小，并逐渐接近单洞室的地震响应。

当洞室间距为 $0.5D$ 时，其相互作用最为明显，其峰值内力可达到其他情况下的内力的 2 倍，甚至更多。以隧道拱顶为例，间距为 D 时，右洞拱顶的内力分

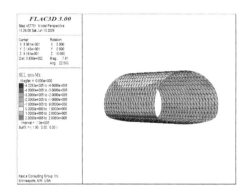

图 4-45　$0.5D$ 间距下衬砌弯矩云图

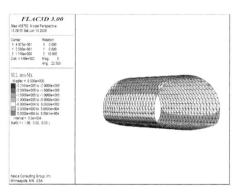

图 4-46　D 间距下衬砌弯矩云图

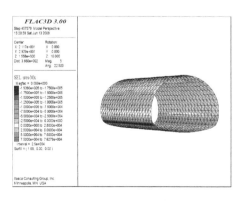

图 4-47　$2D$ 间距下衬砌弯矩云图

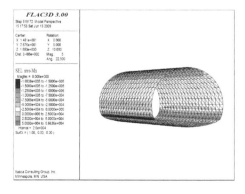

图 4-48　$4D$ 间距下衬砌弯矩云图

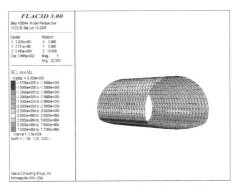

图 4-49 8D 间距下衬砌弯矩云图

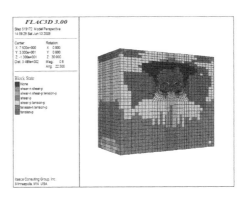

图 4-50 0.5D 间距下围岩塑性破坏云图

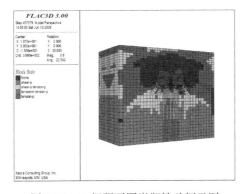

图 4-51 D 间距下围岩塑性破坏云图

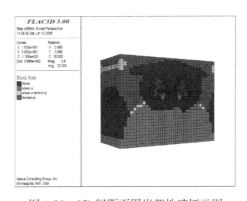

图 4-52 2D 间距下围岩塑性破坏云图

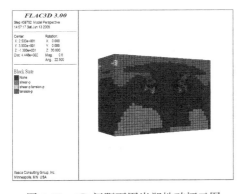

图 4-53 4D 间距下围岩塑性破坏云图

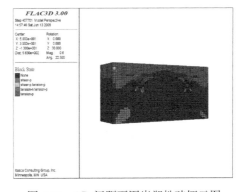

图 4-54 8D 间距下围岩塑性破坏云图

别为：弯矩 29.99kN·m，轴力－1147kN，剪力－25.4kN；而间距为 0.5D 时，相应的内力则增加为：弯矩 87.5kN·m，轴力－2420kN，剪力－42.1kN。

当洞室间距为 4D 时，其相互作用开始明显减弱，当洞室间距为 8D 时，两个洞室的衬砌内力已经开始接近单洞室的情形，这说明在当洞室间距不小于 8D 时，其相互之间的动力作用已不再明显，在抗震设计中，可以按单洞室的情形进行设计，无需考虑洞室之间的相互作用。

在洞室间距较小时候，由于双洞室在地震波作用下的相互作用不容忽视，因此在高烈度地震区的隧道设计中，在满足平面线性的前提下，应尽量使隧道的间距在 2D 以上，且间距应该不小于 0.5D。在强震区隧道的地震动力分析中，0.5D 可以称为双洞山岭隧道的临界间距。

（2）左右两个洞室在横向地震波正向入射作用下的响应规律基本呈对称分布，左洞右侧和右洞左侧的地震响应值要高于左洞左侧和右洞右侧的值，这是由于地震波在两个洞室之间反复作用的结果。

（3）地震波作用下，隧道横断面各特征点的位移相差不大，其中仰拱的位移最大，拱顶最小，因此，在隧道的抗震设计中，应注意仰拱的设计施工。

（4）地震波作用下，隧道横断面各特征点的内力相差较大，无论洞室间距如何，墙脚的内力始终最大，仰拱次之。因此，墙脚和仰拱是抗震设计中的一个薄弱环节，需要引起充分重视。

4.5 地震波入射角度对双洞山岭隧道地震响应的影响

为计算简便和更好地找到隧道的地震响应规律，在上述计算中都假定地震波为正入射，但实际情况下，影响隧道安全的地震波有可能是斜向入射，本节以数值模拟的方法对此进行分析。本次分析选用双洞山岭隧道中具有代表性的埋深 3D 间距为 2D 的情形为模型，其他间距下的情况可以此推断，限于篇幅，不再赘述。计算参数同上，地震波的入射角度如图 4-55 所示，分别采用 30°、45°、60°以及 75°入射角度从模型底部入射。

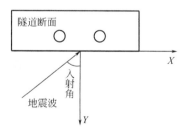

图 4-55 地震波斜入射示意图

不同角度的地震波入射下的双洞隧道衬砌峰值位移和峰值内力计算结果如图 4-56～图 4-63 所示。左洞隧道拱顶监测点的位移和内力时程曲线如图 4-64～图 4-67 所示，由于对称关系，右洞拱顶与之类似，不再单列。由计算结果图可以看出：

(1) 各角度入射下衬砌各监测点的位移差别很小,内力随着入射角度的增加而整体上趋于减小。这说明波的入射角度对隧道衬砌内力数值有一定的影响,其中垂直入射方向下的内力最大,是地震波入射的最危险方向。

(2) 弯矩、轴力和剪力虽然随着入射角度都有变化,但其变化幅度是有差别的,其中弯矩和剪力的减小幅度比较明显,而轴力的变化幅度最小。

(3) 左洞右侧和右洞左侧的内力总体上大于其他两侧,尤其是对于弯矩和剪力来说,洞室两侧的差距比较明显,这说明在不同的角度入射下,两相邻隧道之间的相互作用对衬砌内力影响始终显著,在抗震设计中需要引起足够的重视。

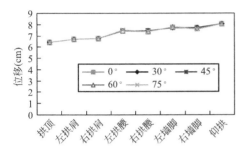

图 4-56 不同入射角度下左洞衬砌峰值位移

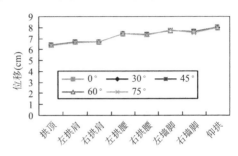

图 4-57 不同入射角度下右洞衬砌峰值位移

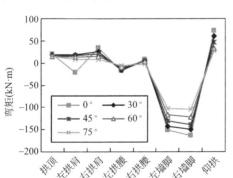

图 4-58 不同入射角度下左洞衬砌峰值弯矩

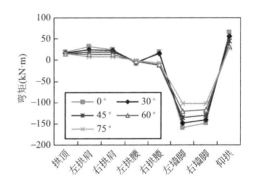

图 4-59 不同入射角度下右洞衬砌峰值弯矩

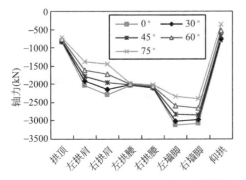

图 4-60 不同入射角度下左洞衬砌峰值轴力

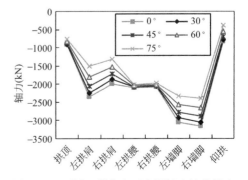

图 4-61 不同入射角度下右洞衬砌峰值轴力

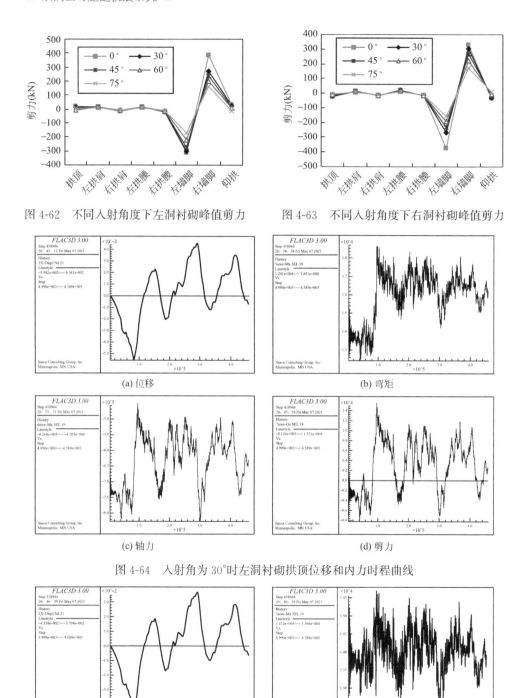

图 4-62 不同入射角度下左洞衬砌峰值剪力

图 4-63 不同入射角度下右洞衬砌峰值剪力

(a) 位移

(b) 弯矩

(c) 轴力

(d) 剪力

图 4-64 入射角为 30°时左洞衬砌拱顶位移和内力时程曲线

(a) 位移

(b) 弯矩

图 4-65 入射角为 45°时左洞衬砌拱顶位移和内力时程曲线（一）

第 4 章 双洞山岭隧道地震响应数值分析

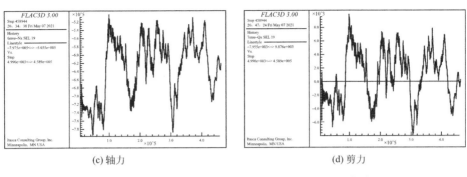

(c) 轴力 (d) 剪力

图 4-65 入射角为 45°时左洞衬砌拱顶位移和内力时程曲线（二）

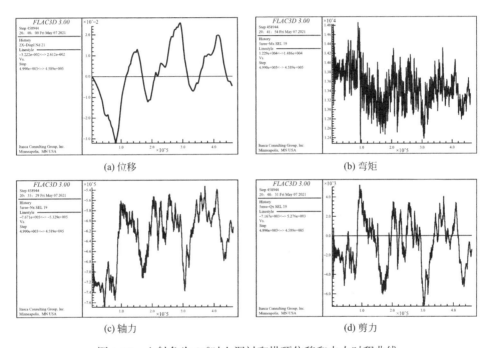

(a) 位移 (b) 弯矩

(c) 轴力 (d) 剪力

图 4-66 入射角为 60°时左洞衬砌拱顶位移和内力时程曲线

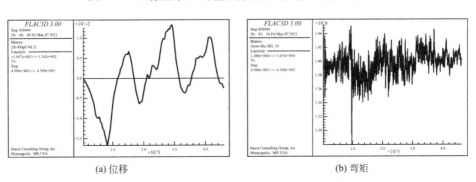

(a) 位移 (b) 弯矩

图 4-67 入射角为 75°时左洞衬砌拱顶位移和内力时程曲线（一）

95

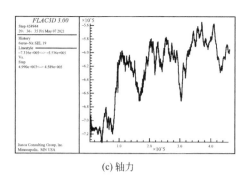
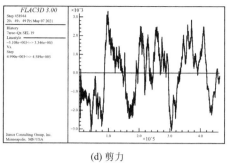

(c) 轴力　　　　　　　　　　　　　　(d) 剪力

图 4-67　入射角为 75°时左洞衬砌拱顶位移和内力时程曲线（二）

4.6　衬砌刚度对双洞山岭隧道地震响应的影响

隧道的地震响应除了受地震烈度等外部因素影响，衬砌本身的性质也对其有重要的影响。波动分析理论表明：柔性衬砌可以减弱结构的地震应力，有一定的减震效果，本节采用三维数值模拟的方法对衬砌的刚度问题进行研究。模型选用双洞山岭隧道中具有代表性的埋深 3D 间距为 2D 工况。

按照衬砌弹性模量的大小将其分为三种：1 倍刚度，相当于普通的二次衬砌，按照 C25 混凝土的参数选取；2 倍刚度代表刚性衬砌；0.5 倍刚度代表柔性衬砌。计算主要参数如表 4-3 所示，不同刚度下的衬砌位移和内力计算结果如图 4-68～图 4-75 所示。不同刚度下的左洞隧道拱顶监测点的位移和内力时程曲线如图 4-76～图 4-78 所示。

计算参数表　　　　　　　表 4-3

围岩、支护材料	密度(kg/m³)	弹性模量(GPa)	泊松比	黏聚力(kPa)	摩擦角(°)
地表风化层	2200	2.00	0.40	180	28
围岩	2200	2.70	0.35	300	30
初期支护	2200	22.00	0.20	—	—
1 倍衬砌刚度	2500	29.50	0.20	—	—
2 倍衬砌刚度	2500	59.00	0.20	—	—
0.5 倍衬砌刚度	2200	14.75	0.20	—	—

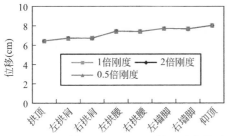

图 4-68　不同衬砌刚度下左洞衬砌峰值位移

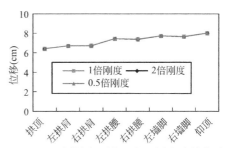

图 4-69　不同衬砌刚度下右洞衬砌峰值位移

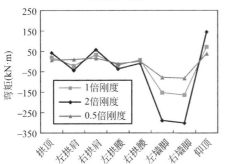

图 4-70　不同衬砌刚度下左洞衬砌峰值弯矩

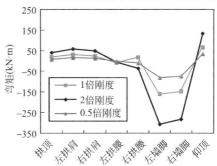

图 4-71　不同衬砌刚度下右洞衬砌峰值弯矩

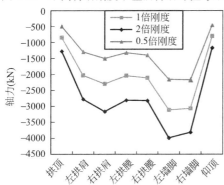

图 4-72　不同衬砌刚度下左洞衬砌峰值轴力

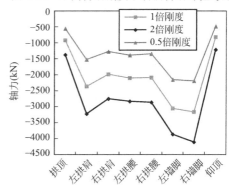

图 4-73　不同衬砌刚度下右洞衬砌峰值轴力

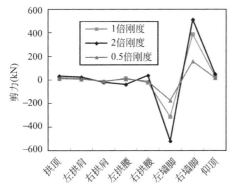

图 4-74　不同衬砌刚度下左洞衬砌峰值剪力

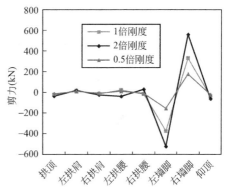

图 4-75　不同衬砌刚度下右洞衬砌峰值剪力

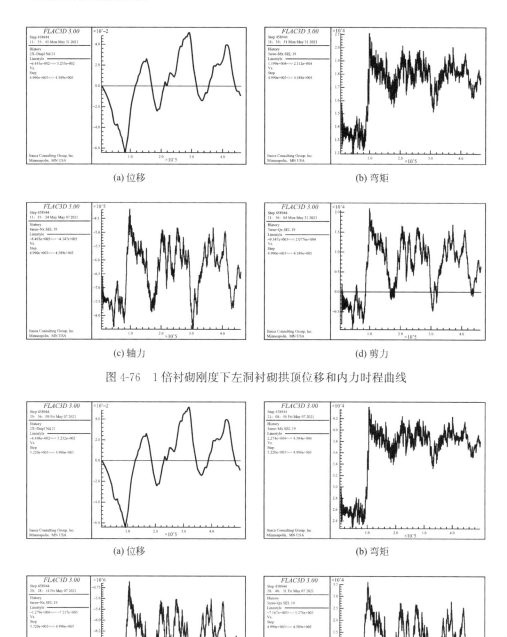

图 4-76　1 倍衬砌刚度下左洞衬砌拱顶位移和内力时程曲线

图 4-77　2 倍衬砌刚度下左洞衬砌拱顶位移和内力时程曲线

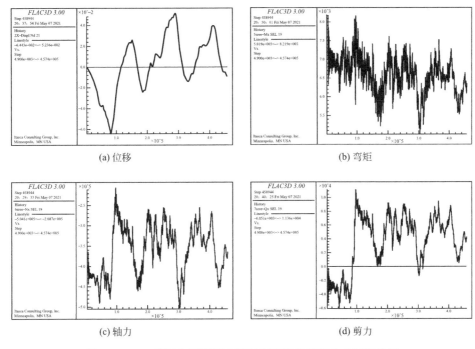

图 4-78　0.5 倍衬砌刚度下左洞衬砌拱顶位移和内力时程曲线

由上述计算结果可以得出以下结论：

（1）不同的衬砌刚度条件下，衬砌刚度越大，其峰值位移就越小，但总体峰值位移相差不大。

（2）不管衬砌的刚度如何，双洞隧道的相邻一侧的内力整体上大于其他一侧，这说明地震作用下，双洞隧道之间的相互作用始终存在。

（3）墙脚的内力峰值在三种刚度条件下始终保持最大，是隧道抗震设计的重点部位。

（4）衬砌的刚度越小，其内力也越小。其中对于轴力来说，随着衬砌刚度减小，隧道 8 个监测点的内力都有比较明显的降低；而对于弯矩和剪力来说，主要是左右墙脚的内力有明显降低，而其他部位监测点的内力下降则不太明显。这说明相对刚性衬砌柔性衬砌对隧道的地震响应确实有一定的减弱作用，可以有效地减弱衬砌的内力，同时使得衬砌各部位的弯矩和剪力分配更加均匀。

4.7　围岩性质对双洞山岭隧道地震响应的影响

围岩介质对地下隧道结构的约束作用，使得隧道结构的地震响应不同于地面结构。隧道的抗震性能不仅受衬砌结构和形式的影响，同时也与衬砌围岩介质的性质有重要关系。本节以数值模拟的方法，针对震害比较典型的几种围岩级别，分别进行研究分析，模型选用埋深 3D 间距为 2D 工况，计算参数如表 4-4 所示，计算结果如图 4-79～图 4-86 所示。不同围岩下的左洞隧道拱顶监测点的位移和内力时程曲线如图 4-87～图 4-89 所示。

计算参数表　　　　　　　　　　　　　　　　表 4-4

围岩、支护材料	密度 (kg/m³)	弹性模量 (GPa)	泊松比	黏聚力 (kPa)	摩擦角 (°)
地表风化层	2200	2.0	0.40	180	28
Ⅲ级围岩	2400	8.0	0.25	1000	40
Ⅳ级围岩	2200	4.0	0.30	400	35
Ⅴ级围岩	2200	2.0	0.35	200	30
初期支护	2200	22.0	0.20	—	—
衬砌	2500	29.5	0.20	—	—

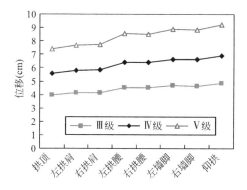

图 4-79　不同围岩下左洞衬砌峰值位移

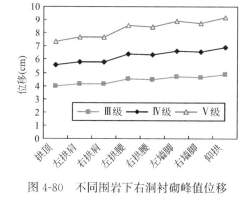

图 4-80　不同围岩下右洞衬砌峰值位移

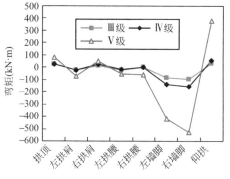

图 4-81　不同围岩下左洞衬砌峰值弯矩

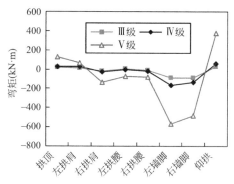

图 4-82　不同围岩下右洞衬砌峰值弯矩

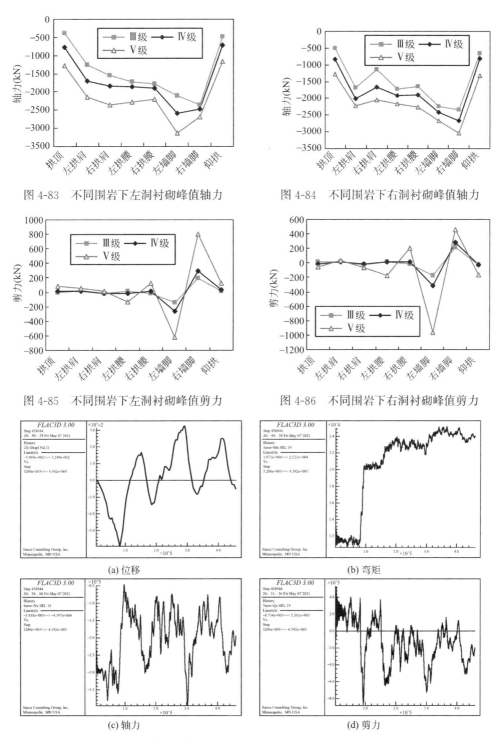

图 4-83 不同围岩下左洞衬砌峰值轴力

图 4-84 不同围岩下右洞衬砌峰值轴力

图 4-85 不同围岩下左洞衬砌峰值剪力

图 4-86 不同围岩下右洞衬砌峰值剪力

(a) 位移

(b) 弯矩

(c) 轴力

(d) 剪力

图 4-87 Ⅲ级围岩下左洞衬砌拱顶位移和内力时程曲线

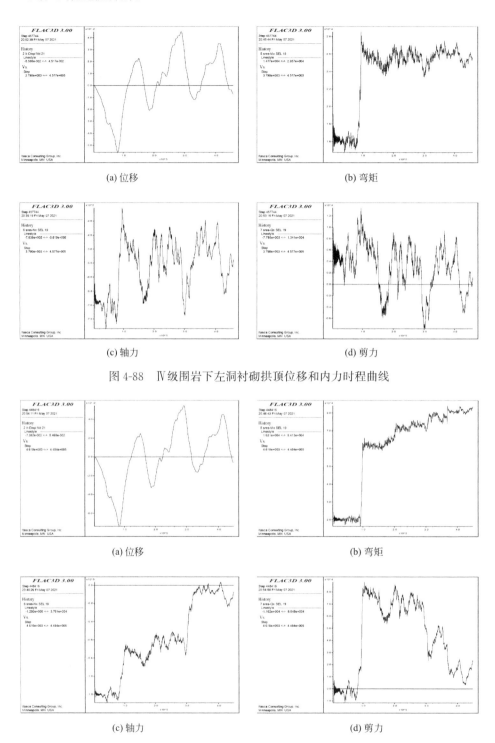

(a) 位移　　　　　　　　　　　(b) 弯矩

(c) 轴力　　　　　　　　　　　(d) 剪力

图 4-88　Ⅳ级围岩下左洞衬砌拱顶位移和内力时程曲线

(a) 位移　　　　　　　　　　　(b) 弯矩

(c) 轴力　　　　　　　　　　　(d) 剪力

图 4-89　Ⅴ级围岩下左洞衬砌拱顶位移和内力时程曲线

由上述计算结果可以得出以下结论：

(1) 不同的围岩性质对隧道衬砌的位移有重要影响，围岩级别越高，强度和整体性越好，相应的衬砌在地震作用下的峰值位移就越小，这说明良好的围岩状况可以减弱隧道的地震响应。

(2) 不管围岩的性质如何，双洞隧道的相邻侧的内力整体上大于其他侧，这说明地震作用下，双洞隧道之间的相互作用始终存在。

(3) 墙脚的内力峰值在三种围岩条件下始终保持最大，属于隧道抗震设计的重点部位。

(4) 围岩的级别越高，相应的衬砌峰值内力也越小。其中对于轴力来说，随着围岩级别提高隧道 8 个监测点的内力都有比较明显降低；而对于弯矩和剪力来说，主要是左右墙脚的内力有明显降低，而其他部位监测点的内力下降则不太明显。这说明维护良好的围岩对隧道的地震响应有一定的减震作用，可以有效地减弱衬砌的内力，同时使得衬砌各部位的弯矩和剪力分配更加均匀。

为了充分发挥围岩对隧道结构的减震作用，首先需要在隧道设计和施工中充分认识到隧道围岩的重要性，尽量减少施工中对围岩的扰动和破坏，保证围岩的完整和强度，这对于提高隧道结构的地震安全性具有重要的意义。

4.8 双洞山岭隧道减震措施研究

由前述内容可以看出，双洞山岭隧道在地震作用下可以产生比较高的动应力，可能导致衬砌开裂破坏，影响隧道结构安全。为此，针对高烈度区隧道的设计有两种思路：

(1) 抗震设计，就是加大衬砌的刚度，增强衬砌抵御地震破坏的能力。

现行的铁路和公路隧道设计规范对强震区的浅埋隧道基本上采用衬砌加厚或全断面加设钢筋的措施来增强隧道的抗震性能。但理论分析以及震害调查表明：这一设计思想并不总是合理的。当衬砌结构达到一定刚度后，随着刚度的增加，出现震害的概率可能会更大，因为刚性衬砌容易使衬砌产生过高的地震附加动应力。

因此，对于高烈度区的隧道设计，除了进行必要的抗震设计之外，同样需要重视结构的减震设计。

(2) 减震设计，其指导思想就是通过对衬砌合理设计或采取一定的减震措施来减弱衬砌的地震响应，充分发挥围岩的地震承载能力，从而达到地震时保护衬砌的目的。

由前述波动理论分析和数值模拟分析可以看到，相同的地震作用下，柔性衬砌的内力远小于刚性衬砌,这就启发我们可以通过降低衬砌的刚度来达到减震的目的,但由于柔性衬砌的强度较低且容易变形,因此其实际的静力承载能力有限,尤其在围岩比较破碎的浅埋或洞口段,围岩很难自稳,如果衬砌过柔,这样的隧道结构在岩土的静力作用下很容易产生塌方破坏。故单纯降低隧道衬砌刚度的方法目前只能作为一种减震设计理论上的参考,难以用于工程实践。

隧道减震主要有两种途径:改变结构本身的性能和设置减震装置。具体的减震措施有多种,不再赘述,在此主要探讨如下两种切实可行的减震措施。

(1) 利用柔性衬砌减震的指导思想,可以在不降低衬砌刚度的情况下,通过增强围岩的强度来降低衬砌的相对刚度。具体来说就是通过对浅埋隧道的围岩进行预注浆加固围岩,增强围岩的刚度,相对来说,就是减弱了衬砌的刚度。这样就达到了减弱衬砌地震响应目的同时又不丧失隧道衬砌的承载能力。

(2) 通过在二次衬砌和初期支护之间加设柔性减震材料达到减震的目的。在不改变衬砌和围岩力学性质的前提下,在二次衬砌和初期支护之间安设阻尼较大的黏弹性材料作为纵向减震层,一般采用橡胶、沥青等高分子聚合物。减震层由于损耗因子高、刚度比较低,可以有效地吸收地震波的能量,从而减弱了二次衬砌传播的地震波能量。

4.8.1 注浆加固围岩对隧道衬砌的减震分析

模型选用双洞山岭隧道中具有代表性的埋深 3D 间距 2D 工况,对隧道围岩采用全环注浆的方式,注浆加固围岩层厚度分 3m 和 5m 两种工况,其模型如图 4-90、图 4-91 所示,计算参数见表 4-1,计算结果如图 4-92~图 4-99 所示。同时,5m 注浆厚度和未注浆的左洞隧道拱顶监测点的位移和内力时程曲线如图 4-100、图 4-101 所示,关于 3m 注浆厚度的拱顶时程曲线可以参看图 4-76。

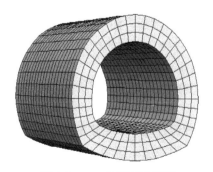

图 4-90 3m 注浆层示意图

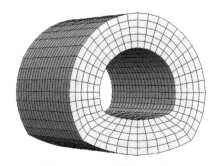

图 4-91 5m 注浆层示意图

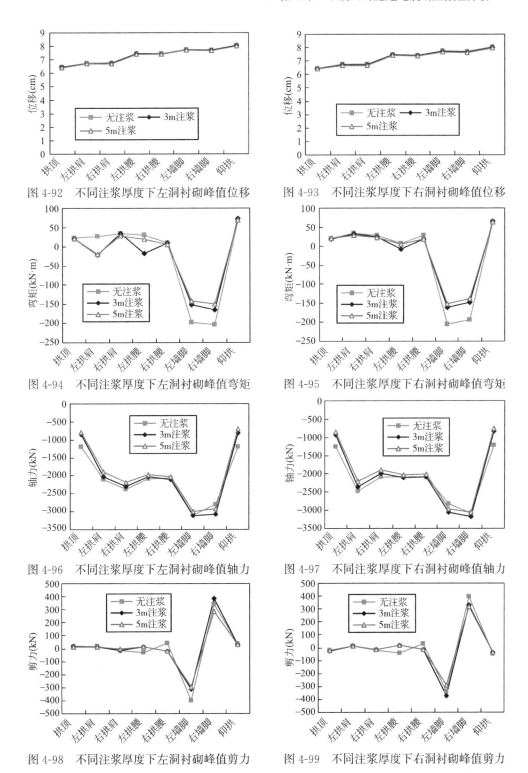

图 4-92 不同注浆厚度下左洞衬砌峰值位移　　图 4-93 不同注浆厚度下右洞衬砌峰值位移

图 4-94 不同注浆厚度下左洞衬砌峰值弯矩　　图 4-95 不同注浆厚度下右洞衬砌峰值弯矩

图 4-96 不同注浆厚度下左洞衬砌峰值轴力　　图 4-97 不同注浆厚度下右洞衬砌峰值轴力

图 4-98 不同注浆厚度下左洞衬砌峰值剪力　　图 4-99 不同注浆厚度下右洞衬砌峰值剪力

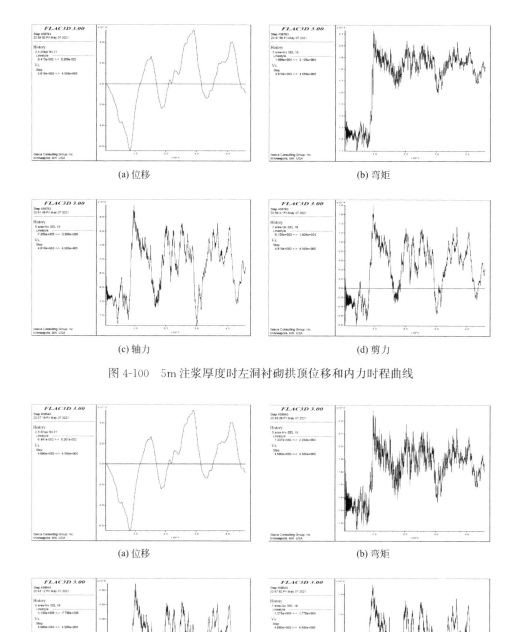

(a) 位移　　(b) 弯矩

(c) 轴力　　(d) 剪力

图 4-100　5m 注浆厚度时左洞衬砌拱顶位移和内力时程曲线

(a) 位移　　(b) 弯矩

(c) 轴力　　(d) 剪力

图 4-101　无注浆时左洞衬砌拱顶位移和内力时程曲线

根据上述计算结果可以得出以下结论：

（1）围岩采用注浆加固后，隧道结构断面的峰值位移有所减少，3m注浆层的衬砌位移小于没有注浆的衬砌，而5m注浆层的衬砌位移小于3m注浆层的衬砌，但三种工况下的衬砌峰值位移在数值上的差别不是很大。这说明注浆加固围岩对衬砌的位移地震响应具有一定的减弱作用，但不是很明显。

（2）不管围岩是否采取注浆加固措施，双洞隧道的相邻一侧的内力整体上大于其他一侧，这说明即使采取了一定的减震措施，但双洞隧道之间的相互作用依然十分明显。

（3）不管围岩是否采取注浆加固措施，墙脚的内力峰值在三种工况下始终保持最大，属于隧道减震设计的重点部位。

（4）对于轴力来说，随着围岩注浆厚度的加大，隧道8个监测点的轴力都有比较明显的降低，这说明注浆加固围岩对于减弱隧道衬砌的轴力地震响应具有明显的效果。

（5）随着围岩注浆厚度的加大，隧道断面的衬砌峰值弯矩和剪力也是逐步减小，但断面各监测点的减小幅度不同，其中左右墙脚部位的弯矩和剪力减小最为明显，这说明注浆加固围岩对隧道的弯矩和剪力地震响应有明显的减震作用，可以有效地减弱衬砌的弯矩和剪力，同时使得衬砌各部位的弯矩和剪力分配更加均匀。

为了有效降低隧道衬砌的地震响应，首先需要在隧道设计和施工中充分认识到对隧道围岩进行注浆加固的重要性，对于浅埋或洞口地段，由于围岩风化严重，比较破碎，难以自稳，因此就更加需要对围岩进行注浆加固措施。这不仅是为了保证隧道施工和运营的安全，同时也对提高隧道结构的地震安全性具有重要的意义。

4.8.2 加设减震层对隧道衬砌的减震分析

模型选用双洞山岭隧道中具有代表性的埋深3D间距2D工况，在隧道二次衬砌和初期支护之间加设一层橡胶基高分子复合材料作为减震层，减震材料按其弹性模量不同分为两种，减震层1的阻尼值高于减震层2，两者厚度都是10cm，其模型如图4-102所示，计算参数如表4-5所示。计算结果如图4-103~图4-110

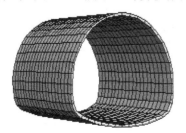
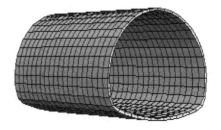

图4-102 双洞山岭隧道减震层模型

所示。安设减震层后的左洞隧道拱顶监测点的位移和内力时程曲线如图 4-111、图 4-112 所示，不设减震层的隧道拱顶时程曲线可以参看图 4-76。

隧道减震材料计算参数表　　　　　　　　　　　表 4-5

围岩、支护材料	密度 (kg/m³)	弹性模量 (GPa)	泊松比	黏聚力 (kPa)	摩擦角 (°)
减震层 1	1000	0.060	0.40	—	—
减震层 2	1000	0.006	0.40	—	—
地表风化层	2200	2.000	0.40	180	28
围岩	2200	2.700	0.35	300	34
初期支护	2200	22.000	0.20		
衬砌	2500	29.500	0.20		

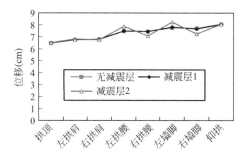

图 4-103　不同减震层下左洞衬砌峰值位移

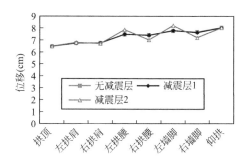

图 4-104　不同减震层下右洞衬砌峰值位移

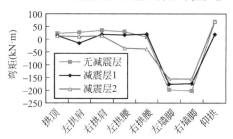

图 4-105　不同减震层下左洞衬砌峰值弯矩

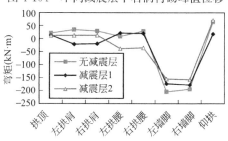

图 4-106　不同减震层下右洞衬砌峰值弯矩

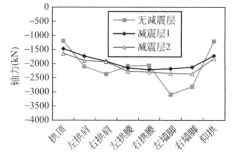

图 4-107　不同减震层下左洞衬砌峰值轴力

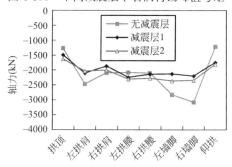

图 4-108　不同减震层下右洞衬砌峰值轴力

第 4 章 双洞山岭隧道地震响应数值分析

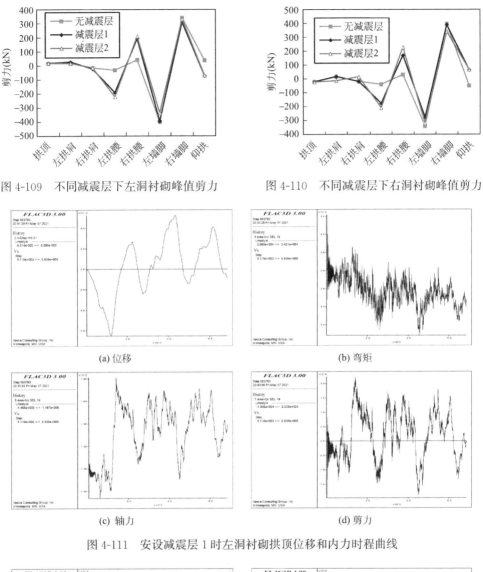

图 4-109 不同减震层下左洞衬砌峰值剪力

图 4-110 不同减震层下右洞衬砌峰值剪力

(a) 位移
(b) 弯矩
(c) 轴力
(d) 剪力

图 4-111 安设减震层 1 时左洞衬砌拱顶位移和内力时程曲线

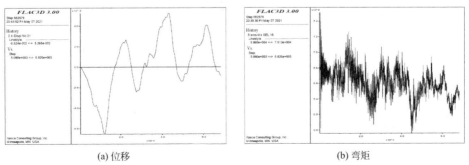

(a) 位移
(b) 弯矩

图 4-112 安设减震层 2 时左洞衬砌拱顶位移和内力时程曲线（一）

109

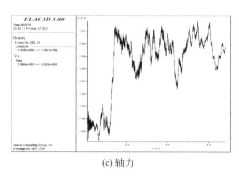
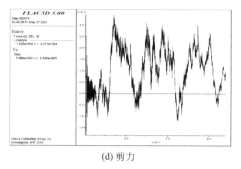

(c) 轴力　　　　　　　　　　　　　　(d) 剪力

图 4-112　安设减震层 2 时左洞衬砌拱顶位移和内力时程曲线（二）

由计算结果可以看出：

（1）加设减震层后，隧道衬砌的峰值位移略有减小，且减震层的弹性模量越低，位移减小得越多，这说明减震层对于隧道结构的位移地震响应具有一定的减弱作用。

（2）加设减震层后，隧道结构的峰值内力减小，其中弯矩在拱腰和墙脚处减小幅度最大，轴力在拱肩和墙脚处减小幅度最大，剪力在墙脚处的减小幅度最大，从计算结果图可以看出，加设减震层的横断面内力分布更加均匀，有利于隧道断面共同受力，且减震层弹性模量越小，其效果越明显。

由于大阻尼减震材料对地震波的吸收和缓冲作用，减弱了隧道衬砌中的地震波能量，所以其相应的位移和内力得以降低，同时衬砌本身的力学性质保持不变。因此，这种减震措施既保证了隧道衬砌的承载能力，又达到了减震目的，且减震层安设方便，材料来源广泛，是一种简便可行的减震措施。

4.9　勒不果喇吉双洞山岭隧道洞口段地震响应分析

震害调查表明，隧道洞口段是隧道震害的多发地段，是隧道的抗震薄弱环节。由于洞口段围岩多风化破碎且自由面较多，围岩约束作用较弱，洞口段隧道衬砌的地震响应大于相应的洞身段衬砌，因此在隧道抗震设计中应引起足够的重视。勒不果喇吉隧道泸沽端洞口地形地质条件十分复杂，围岩比较破碎，位于 9 度地震带，且为双洞错距浅埋隧道，震害隐患较大。本节即以其为原型，并对其相应的地质地形条件进行适当简化，研究双洞错距隧道洞口段的地震响应规律。

模型如图 4-113 所示，共 76716 个单

图 4-113　双洞山岭隧道洞口段模型

元，81472个节点。模型横向宽度为130m，纵向长度140m，左洞全长108m，右洞全长132m。两隧道中心距为30m，纵向错距24m。围岩为Ⅴ级，衬砌为C25混凝土，表层10～20m为风化破碎带。围岩计算参数可以参考表4-4中的Ⅴ级围岩参数。计算结果如图4-114～图4-121所示。

计算结果表明：

（1）仰拱的峰值位移最大，拱顶的位移最小，这与洞身段的隧道衬砌位移地震响应规律相同。因此隧道地下结构的抗震设计中，要充分重视仰拱的位移响应问题，有必要采取一定的加强封闭措施来降低仰拱的位移响应。

（2）隧道结构的位移随着进洞距离的增大而趋于减小，其原因是进洞距离的增大增加了围岩对隧道结构的约束作用，因此在同样的地震波作用下，隧道不同横截面处的峰值位移响应结果不同。

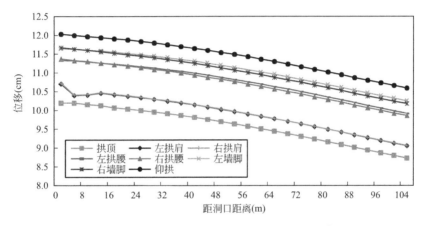

图4-114 左洞峰值位移随距洞口距离变化规律

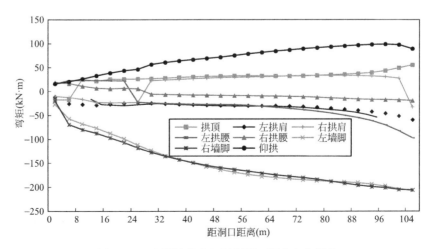

图4-115 左洞峰值弯矩随距洞口距离变化规律

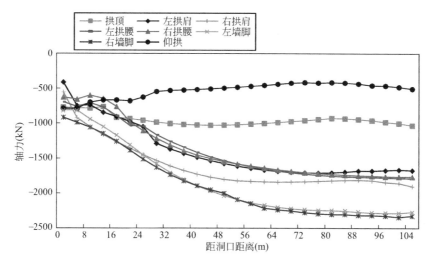

图 4-116 左洞峰值轴力随距洞口距离变化规律

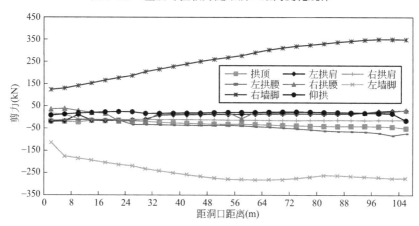

图 4-117 左洞峰值剪力随距洞口距离变化规律

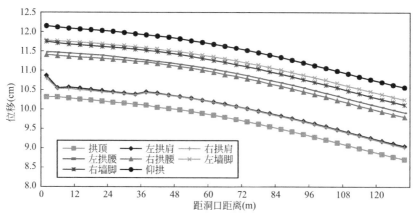

图 4-118 右洞峰值位移随距洞口距离变化规律

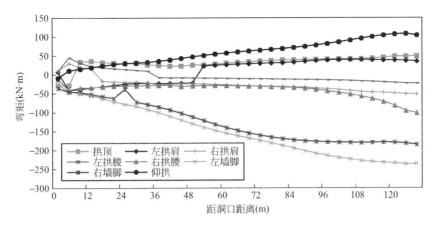

图 4-119 右洞峰值弯矩随距洞口距离变化规律

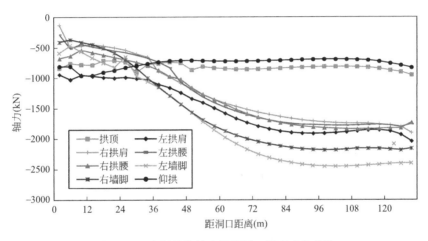

图 4-120 右洞峰值轴力随距洞口距离变化规律

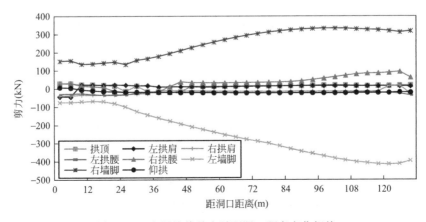

图 4-121 右洞峰值剪力随距洞口距离变化规律

(3) 左右隧道的位移变化规律相同，但在进洞距离相同的情况下，右洞的峰值位移略大于左洞，这是由于隧道左右洞之间存在一定的错距，使得右洞洞口段受到围岩的约束作用小于左洞。

(4) 同洞身段衬砌结构内力规律相同，无论进洞距离为多少，隧道衬砌的左右墙脚的内力始终最大。这说明隧道墙脚部位是抗震设计的薄弱环节，要特别注意保证墙脚的衬砌强度。

(5) 隧道结构的峰值弯矩随进洞距离的增大而逐渐增大，其中左洞在进洞距离为40m后，弯矩增加速度趋于缓慢，并在进洞距离为80m时趋于稳定；右洞在进洞距离为60m后，弯矩增加速度趋于缓慢，并在进洞距离为100m时趋于稳定。

(6) 隧道结构的峰值轴力随进洞距离的增大而逐渐增大，其中左洞在进洞距离为40m后，轴力增加速度趋于缓慢，并在进洞距离为60m时趋于稳定；右洞在进洞距离为60m后，轴力增加速度趋于缓慢，并在进洞距离为80m时趋于稳定。

(7) 隧道结构的峰值剪力随进洞距离的增大而逐渐增大，其中左洞在进洞距离为50m后，剪力增加速度趋于缓慢，并在进洞距离为80m时趋于稳定；右洞在进洞距离为70m后，剪力增加速度趋于缓慢，并在进洞距离为100m时趋于稳定。

显然，洞口段地质地形的复杂性等因素使得洞口段的地震响应规律比洞身段更加复杂。通过上述总结的地震响应规律，可以看出，随着进洞距离的增大，洞口段的地震响应开始逐渐趋于稳定并接近洞身的地震响应，对公路双洞隧道来说，距离洞口100m范围内的隧道结构可以认为是典型的隧道洞口段，应按照洞口段的要求进行设防抗震，确保隧道结构安全。

4.10 大宝山双洞山岭隧道洞口段地震响应分析

4.10.1 工程概况

大宝山隧道计算行车速度为80km/h，为分离式双洞单向行车，其中左洞长2038m，雅安端洞口桩号为K108+285，设计高程为903.54m，泸沽端洞口桩号为K110+323，设计高程888.73m，右洞长2016m，雅安端洞口桩号为YK108+295，设计高程为902.464m，泸沽端洞口桩号为YK110+311，设计高程为888.58m。大宝山隧道纵横断面图如图4-122和图4-123所示。

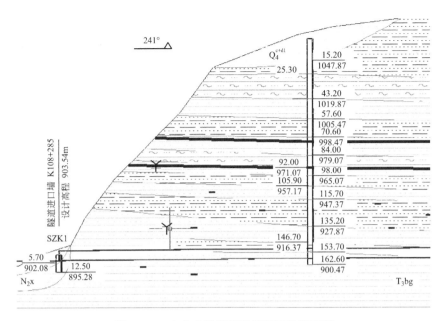

图 4-122　大宝山隧道雅安端洞口纵断面图

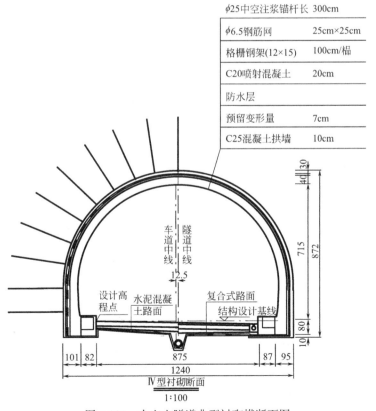

图 4-123　大宝山隧道典型衬砌横断面图

隧址区处于小相岭南北向构造带的北翼，榆林—磨西断裂的东侧约 14km，南侧约 12km 发育石棉—马前门断裂。受上述区域性断裂的影响，隧址区附近发育一系列近东西向的次级断裂，即石棉—迎政—大冲近东西向构造（走向北东80°左右），向南倾斜，致使该段大渡河流向与地质构造一致，该东西向构造从隧址区大渡河对面经过。隧址区对应的地震基本烈度为Ⅷ度，地震动峰值加速度为 0.20g，地震动反应谱特征周期为 0.45s。

大宝山隧道围岩和衬砌计算参数如表 4-6 所示。

大宝山隧道计算参数表 表 4-6

围岩、支护材料	密度 (kg/m³)	弹性模量 (GPa)	泊松比	黏聚力 (kPa)	摩擦角 (°)
第四纪	1800	1.2	0.34	180	27
粉砂岩	2200	3.0	0.28	350	35
细砂岩	2200	4.0	0.25	500	39
初期支护	2200	22.0	0.20	—	—
衬砌	2500	29.5	0.20	—	—

图 4-124 大宝山隧道雅安端洞口模型

本节以大宝山隧道进口雅安端洞口段为背景建立大宝山隧道洞口模型，隧道出口泸沽端与之相似，不再详述。建立大宝山隧道洞口模型如图 4-124 所示，模型共计 79950 个单元，85663 个节点，两洞间距 40m 左右，模型尺寸横向 140m，纵向 74m。雅安端左线隧道洞口有 7m 长的明洞结构，模型围岩采用摩尔库仑塑性准则，初期支护和二次衬砌采用弹性本构关系，采用 FLAC3D 有限差分进行数值分析。采用大宝山隧道第一条地震波输入计算。

4.10.2 地震波作用下峰值位移和内力计算结果

表 4-7 为地震波作用下，大宝山隧道衬砌出现峰值位移和峰值内力的时刻、位置和数值。图 4-125 是峰值位移所在监测点的位移时程曲线，图 4-126 是峰值位移发生时刻的大宝山隧道雅安端整体位移云图。

大宝山隧道雅安端数值分析峰值位移和内力　　　　　　表 4-7

	峰值	峰值时刻(s)	峰值位置
水平方向位移	18.22cm	3.40	隧道左线明洞洞口仰拱
衬砌弯矩	76.05kN·m	4.00	隧道左线距明洞洞口2.3m处拱顶
衬砌轴力	−5085 kN	3.96	隧道右线距暗洞洞口50m处左拱肩
衬砌剪力	122.6 kN	3.96	隧道左线距明洞洞口2.3m处左拱腰

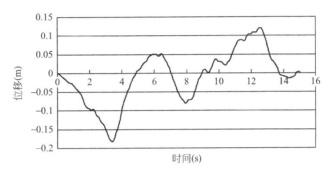

图 4-125　大宝山隧道雅安端水平方向峰值位移处位移时程曲线

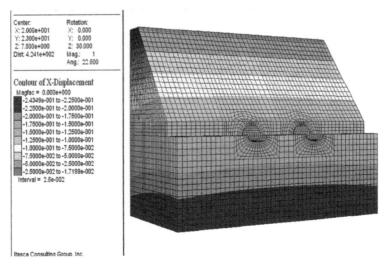

图 4-126　大宝山隧道雅安端峰值位移时刻整体水平位移云图

如图 4-127～图 4-129 为地震波作用下的雅安端隧道洞口左右隧道衬砌的峰值内力分布图。

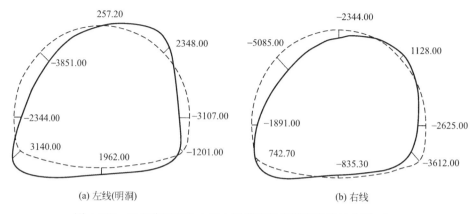

图 4-127 地震作用下的大宝山隧道雅安端断面峰值轴力图 （kN）

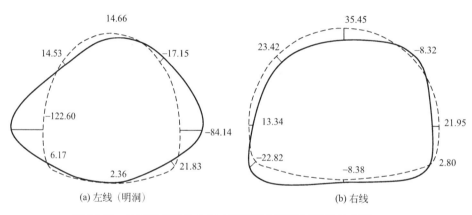

图 4-128 地震作用下的大宝山隧道雅安端断面峰值剪力图 （kN）

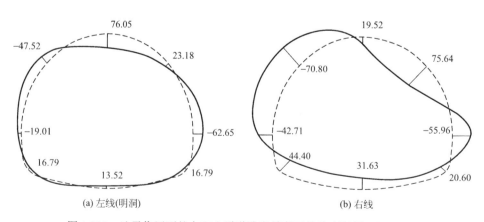

图 4-129 地震作用下的大宝山隧道雅安端断面峰值弯矩图 （kN·m）

4.10.3 地震波作用下隧道洞口衬砌位移计算结果

隧道衬砌在地震作用下的位移可以表征隧道结构的地震响应，但位移的数值无法直接表示结构的安全，在此用隧道衬砌各监测点之间的相对错动位移表示。相对位移可以表征衬砌断面在地震作用下的相对错动量，当相对位移较大时，可以在结构横断面产生较大的内力和应力，导致衬砌开裂或错动，因此，该参数具有重要的安全预警作用。

图 4-130 是大宝山隧道雅安端洞口左线衬砌位移沿纵向里程变化情况，表 4-8 是左线衬砌位移详细列表。图 4-131 是大宝山隧道雅安端洞口右线衬砌位移沿纵向里程变化情况，表 4-9 是右线衬砌位移详细列表。图 4-132 是大宝山隧道雅安端洞口衬砌最大相对位移沿纵向里程变化情况，表 4-10 是衬砌最大相对位移发生的时刻和位置情况。

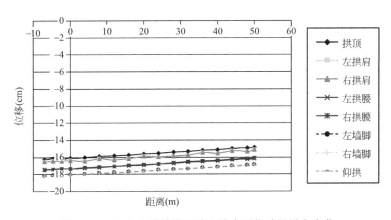

图 4-130　大宝山隧道雅安端左线水平位移沿纵向变化

大宝山隧道雅安端洞口左线衬砌各监测点水平位移详细列表（cm）　表 4-8

位置		拱顶	左拱腰	右拱腰	左拱脚	右拱脚	左墙脚	右墙脚	仰拱
距洞口距离(m)	-7	-16.25	-16.53	-16.54	-17.45	-17.49	-18.17	-18.18	-18.22
	-4.667	-16.2	-16.48	-16.48	-17.41	-17.44	-18.12	-18.13	-18.18
	-2.333	-16.15	-16.42	-16.42	-17.38	-17.38	-18.07	-18.08	-18.18
	0	-16.09	-16.37	-16.37	-17.34	-17.33	-18.03	-18.04	-18.08
	4	-16.00	-16.48	-16.48	-17.26	-17.24	-17.95	-17.95	-18.00
	8	-15.91	-16.18	-16.19	-17.18	-17.15	-17.87	-17.87	-17.92
	12	-15.82	-16.29	-16.28	-17.09	-17.05	-17.78	-17.78	-17.83
	16	-15.72	-16.2	-16.19	-17.00	-16.96	-17.69	-17.69	-17.74
	20	-15.62	-15.9	-15.89	-16.91	-16.86	-17.6	-17.6	-17.65

续表

位置		拱顶	左拱腰	右拱腰	左拱脚	右拱脚	左墙脚	右墙脚	仰拱
距洞口距离(m)	24	−15.52	−16.00	−15.99	−16.82	−16.76	−17.51	−17.5	−17.56
	28	−15.42	−15.90	−15.88	−16.72	−16.65	−17.41	−17.41	−17.46
	32	−15.31	−15.80	−15.78	−16.62	−16.55	−17.32	−17.31	−17.36
	36	−15.2	−15.48	−15.48	−16.52	−16.45	−17.22	−17.21	−17.27
	40	−15.09	−15.58	−15.56	−16.42	−16.35	−17.12	−17.11	−17.17
	44	−14.99	−15.26	−15.26	−16.32	−16.24	−17.02	−17.02	−17.07
	48	−14.88	−15.36	−15.34	−16.21	−16.14	−16.93	−16.92	−16.98
	50	−14.83	−15.10	−15.10	−16.16	−16.09	−16.88	−16.87	−16.93

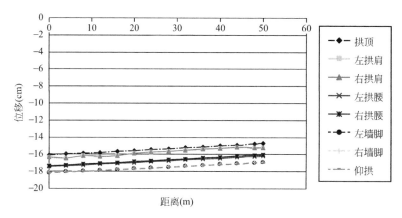

图 4-131 大宝山隧道雅安端右线衬砌水平位移沿纵向变化

大宝山隧道雅安端洞口右线衬砌各监测点水平位移详细列表（cm） 表 4-9

位置		拱顶	左拱腰	右拱腰	左拱脚	右拱脚	左墙脚	右墙脚	仰拱
距洞口距离(m)	0	−16.09	−16.39	−16.34	−17.37	−17.28	−18.03	−18.02	−18.08
	4	−15.99	−16.49	−16.44	−17.29	−17.19	−17.95	−17.93	−17.99
	8	−15.90	−16.18	−16.16	−17.20	−17.10	−17.86	−17.85	−17.91
	12	−15.80	−16.30	−16.26	−17.11	−17.01	−17.78	−17.76	−17.82
	16	−15.71	−16.20	−16.16	−17.02	−16.92	−17.69	−17.67	−17.73
	20	−15.61	−15.89	−15.87	−16.92	−16.82	−17.60	−17.58	−17.64
	24	−15.51	−15.79	−15.77	−16.82	−16.72	−17.50	−17.48	−17.54
	28	−15.40	−15.69	−15.67	−16.73	−16.63	−17.41	−17.39	−17.45
	32	−15.30	−15.58	−15.56	−16.63	−16.52	−17.31	−17.29	−17.35
	36	−15.19	−15.47	−15.45	−16.53	−16.41	−17.21	−17.19	−17.25

续表

位置		拱顶	左拱腰	右拱腰	左拱脚	右拱脚	左墙脚	右墙脚	仰拱
距洞口距离(m)	40	−15.08	−15.36	−15.34	−16.43	−16.31	−17.11	−17.09	−17.15
	44	−14.97	−15.25	−15.24	−16.33	−16.20	−17.02	−17.00	−17.06
	48	−14.87	−15.36	−15.31	−16.23	−16.10	−16.92	−16.90	−16.96
	50	−14.81	−15.31	−15.26	−16.18	−16.05	−16.87	−16.85	−16.91

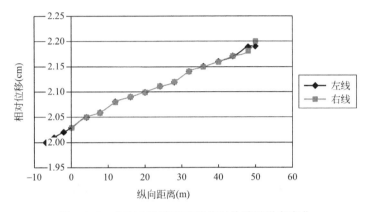

图 4-132 大宝山隧道雅安端相对位移沿纵向变化

大宝山隧道雅安端洞口衬砌最大相对位移发生时刻和位置列表　　表 4-10

位置		左线				右线			
		出现时刻(s)	相对位移(cm)	第一位置	第二位置	出现时刻(s)	相对位移(cm)	第一位置	第二位置
距洞口距离(m)	−7	3.34	2.00	拱顶	仰拱				
	−4.667	3.32	2.01	拱顶	仰拱				
	−2.333	3.32	2.02	拱顶	仰拱				
	0	3.34	2.03	拱顶	仰拱	3.32	2.03	拱顶	仰拱
	4	3.34	2.05	拱顶	仰拱	3.34	2.05	拱顶	仰拱
	8	3.34	2.06	拱顶	仰拱	3.24	2.06	拱顶	仰拱
	12	3.34	2.08	拱顶	仰拱	3.34	2.08	拱顶	仰拱
	16	3.32	2.09	拱顶	仰拱	3.34	2.09	拱顶	仰拱
	20	3.34	2.10	拱顶	仰拱	3.22	2.10	拱顶	仰拱
	24	3.22	2.11	拱顶	仰拱	3.24	2.11	拱顶	仰拱
	28	3.22	2.12	拱顶	仰拱	3.22	2.12	拱顶	仰拱
	32	3.24	2.14	拱顶	仰拱	3.24	2.14	拱顶	仰拱
	36	3.22	2.15	拱顶	仰拱	3.34	2.15	拱顶	仰拱

续表

位置		左线				右线			
		出现时刻(s)	相对位移(cm)	第一位置	第二位置	出现时刻(s)	相对位移(cm)	第一位置	第二位置
距洞口距离(m)	40	3.22	2.16	拱顶	仰拱	3.24	2.16	拱顶	仰拱
	44	3.24	2.17	拱顶	仰拱	3.22	2.17	拱顶	仰拱
	48	3.24	2.19	拱顶	仰拱	3.24	2.18	拱顶	仰拱
	50	3.24	2.19	拱顶	仰拱	3.24	2.20	拱顶	仰拱

由上述数值计算结果可得出下列结论：

(1) 暗洞的横向峰值位移沿隧道纵向有减小的趋势，即随着埋深增加，隧道相应控制点的位移是逐渐减小的。同一截面上，水平方向位移随高度的增加逐渐减小，即仰拱位移最大，拱顶位移最小。

(2) 最大水平位移发生在明洞洞口仰拱，数值为－18.22cm，出现时刻为3.4s，而施加的地震波峰值位移时刻为3.38s，明洞水平方向位移比相应暗洞位移要稍大些，主要是因为明洞段覆土层较薄，作用于基岩上的水平方向的剪切波向上传播，暗洞由于有周围土层的约束，衬砌与周围围岩相互作用，协调变形，从而减小了暗洞的水平向的峰值位移。总体表现为位移出现峰值的时刻要稍晚于施加地震波的加速度峰值时刻。分析其原因可知，地震波为一施加于基岩上的剪切波，剪切波速度$C=863.22$m/s，从基岩向上传播，仰拱距基岩约50m。同时，土介质存在一定的阻尼作用，因此，当地震波传播到隧道衬砌时需要一定的时间，总体表现为滞后效应，并且随着距离基岩越远，滞后时间越长。

(3) 从位移沿纵向变化图来看，双线隧道的拱腰处位移峰值变化是不一样的，左线右拱腰位移峰值要大于左线左拱腰的位移峰值，而右线左拱腰的位移峰值要大于右线右拱腰的峰值，左线右拱脚的位移峰值要大于左线左拱脚的位移峰值，右线左拱脚的位移峰值要大于右线右拱脚的峰值位移，可能有两个原因：①由于地震波在两隧道的相邻地段相互影响，使得地震波在此地段相互叠加，增大了应力作用。②从结构的刚度来说，隧道中间的岩石墙比两侧的围岩厚度要薄，其总体刚度比较低，在同样的应力作用下，其相应的位移就会略大一些。

4.10.4 地震波作用下隧道洞口衬砌内力计算结果

图4-133～图4-138为地震波作用下大宝山隧道雅安端洞口的峰值内力计算结果。表4-11～表4-16为地震波作用下的大宝山隧道峰值内力详细情况。

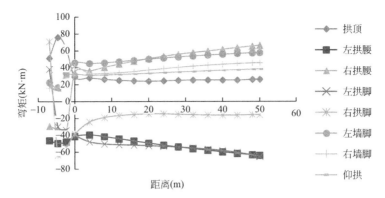

图 4-133 大宝山隧道雅安端左线衬砌峰值弯矩沿纵向变化

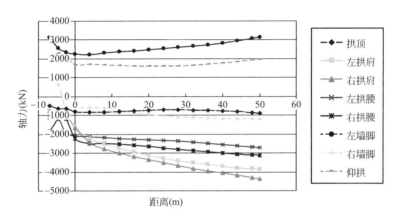

图 4-134 大宝山隧道雅安端左线峰值轴力沿纵向变化

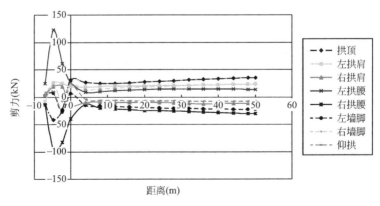

图 4-135 大宝山隧道雅安端左线峰值剪力沿纵向变化

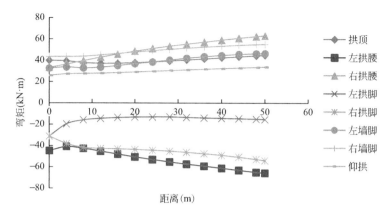

图 4-136 大宝山隧道雅安端右线峰值弯矩沿纵向变化

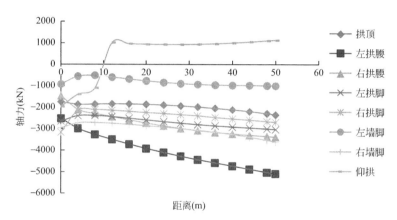

图 4-137 大宝山隧道雅安端右线峰值轴力沿纵向变化

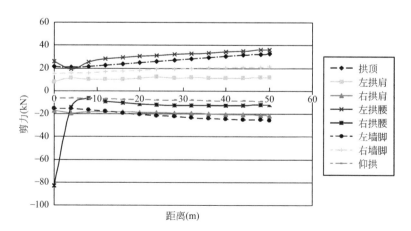

图 4-138 大宝山隧道雅安端右线峰值剪力沿纵向变化

大宝山隧道雅安端洞口左线衬砌峰值弯矩详细列表（kN·m）　　表 4-11

位置		拱顶	左拱腰	右拱腰	左拱脚	右拱脚	左墙脚	右墙脚	仰拱
距洞口距离(m)	−7	51.43	−46.12	−29.07	38.45	71.33	22.62	15.71	18.29
	−4.667	76.05	−49.38	−33.06	−29.33	−63.07	16.65	17	13.52
	−2.333	63.33	−47.68	−35.45	−33.57	−54.32	34.02	28.26	30.17
	0	29.11	−41.2	34.24	−40.05	−38.1	46.15	41.03	32.46
	4	27.98	−39.25	36.15	−47.68	−24.09	45.27	33.25	30.95
	8	26.22	−41.49	40.43	−50.22	−18.81	46.02	33.26	31.42
	12	25.07	−44.04	44.4	−51.14	−16.48	47.4	33.96	32
	16	24.35	−46.7	47.86	−51.67	−15.31	48.88	35.35	32.64
	20	23.95	−49.25	50.88	−52.32	−14.56	50.29	37.19	33.35
	24	24.4	−51.69	53.57	−53.08	−14.58	51.65	38.82	34.1
	28	24.97	−53.91	55.91	−54.04	−15.13	52.85	40.5	34.81
	32	25.32	−55.86	58.03	−55.11	−15.58	53.96	41.93	35.52
	36	25.47	−57.7	59.83	−56.4	−15.91	55.03	43.1	36.25
	40	25.45	−59.66	61.85	−57.97	−16.06	55.96	44.14	36.94
	44	25.32	−61.48	63.83	−60.32	−15.96	56.9	45.06	37.65
	48	26.08	−63.11	65.69	−63.22	−15.55	57.65	45.73	38.32
	50	26.42	−63.78	66.51	−64.99	−15.32	57.94	45.94	38.64

大宝山隧道雅安端左线峰值轴力沿纵向变化（kN）　　表 4-12

位置		拱顶	左拱腰	右拱腰	左拱脚	右拱脚	左墙脚	右墙脚	仰拱
距洞口距离(m)	−7	−496.1	−780.7	−782.5	−1114	−1804	3138	890.2	1986
	−4.667	−654	−982.6	−787.4	−1185	−1194	2558	640	2305
	−2.333	−657.4	−1012	−959.3	−1938	−1199	2346	−674.6	2123
	0	−812.6	−1594	−1666	−2063	−2225	2246	−601.4	1678
	4	−849	−2232	−2439	−2127	−2487	2230	−568.1	1709
	8	−828.1	−2518	−2762	−2178	−2473	2313	−598.9	1682
	12	−790.6	−2735	−2983	−2224	−2516	2367	−740.8	1641
	16	−758.1	−2933	−3176	−2269	−2585	2418	−860.6	1614
	20	−735	−3111	−3353	−2309	−2662	2470	−960	1604
	24	−722.1	−3267	−3517	−2344	−2740	2527	−1038	1609
	28	−719.4	−3401	−3668	−2373	−2813	2590	−1096	1628
	32	−727.3	−3512	−3809	−2437	−2881	2658	−1136	1660
	36	−745.6	−3615	−3939	−2489	−2944	2733	−1161	1706

续表

位置		拱顶	左拱腰	右拱腰	左拱脚	右拱脚	左墙脚	右墙脚	仰拱
距洞口距离(m)	40	−774	−3704	−4060	−2561	−3001	2827	−1173	1764
	44	−811.4	−3776	−4186	−2625	−3052	2940	−1178	1834
	48	−858.9	−3833	−4311	−2680	−3100	3068	−1186	1917
	50	−888	−3851	−4370	−2707	−3123	3140	−1201	1965

大宝山隧道雅安端左线峰值剪力沿纵向变化（kN） 表 4-13

位置		拱顶	左拱腰	右拱腰	左拱脚	右拱脚	左墙脚	右墙脚	仰拱
距洞口距离(m)	−7	−12.41	−7.482	3.929	24.93	−13.16	3.271	5.603	9.272
	−4.667	−41.7	25.47	19.26	122.6	−96.62	6.57	22.34	9.838
	−2.333	−23.22	24.63	18.95	61.32	−83.07	−27.98	−6.85	−24.13
	0	31.28	18.84	−14.39	26.85	−39.45	5.623	23.54	21.75
	4	26.33	17.97	−9.841	9.009	−13.69	−15.56	13.68	−4.075
	8	24.85	19.49	−9.218	9.525	−19.63	−16.63	14.64	−5.796
	12	25.16	19.73	−9.655	11.4	−22.12	−17.65	16.06	−6.222
	16	26.13	20.18	−9.923	12.71	−23.36	−18.57	17.29	−6.579
	20	27.23	20.34	−9.759	13.41	−24.39	−19.38	18.44	−6.942
	24	28.54	20.79	−10.03	14.09	−25.21	−20.16	19.4	−7.208
	28	29.61	21.14	−10.57	14.46	−25.96	−20.79	20.21	−7.346
	32	30.87	21.48	−11.4	14.69	−26.77	−21.29	20.89	−7.543
	36	32.09	22.01	−12.34	14.67	−27.62	−21.75	21.52	−7.78
	40	33.1	22.3	−12.01	14.47	−28.36	−22.22	22.08	−7.993
	44	34.02	22.73	−11.82	14.26	−29.12	−22.54	22.59	−8.19
	48	34.97	23.24	−11.78	13.89	−29.97	−22.87	23.02	−8.364
	50	35.45	23.44	−11.77	13.63	−30.38	−23	23.23	−8.38

大宝山隧道雅安端右线峰值弯矩沿纵向变化（kN·m） 表 4-14

位置		拱顶	左拱腰	右拱腰	左拱脚	右拱脚	左墙脚	右墙脚	仰拱
距洞口距离(m)	0	40.02	−44.87	33.31	−31.15	−31.29	32.67	43.52	25.9
	4	39.55	−40.93	36.39	−19.75	−38.1	33.82	43.59	27.34
	8	37.87	−42.71	39.77	−15.97	−41.71	32.88	43.86	27.72
	12	37.23	−45.37	42.94	−14.5	−42.71	33.58	45.06	28.01
	16	37.32	−48.1	45.88	−13.2	−43.2	35.09	46.47	28.5
	20	37.81	−50.7	48.65	−13.25	−43.72	36.95	47.87	29.15

续表

位置		拱顶	左拱腰	右拱腰	左拱脚	右拱脚	左墙脚	右墙脚	仰拱
距洞口距离(m)	24	38.61	−53.15	51.17	−13.05	−44.4	38.53	49.19	29.83
	28	39.48	−55.4	53.38	−13.01	−45.27	40.35	50.42	30.5
	32	40.44	−57.44	55.33	−13.5	−46.33	42.12	51.52	31.19
	36	41.45	−59.25	57.16	−13.96	−47.61	43.59	52.54	31.82
	40	42.44	−61.21	59.09	−14.31	−49.1	44.78	53.44	32.45
	44	43.45	−63.18	60.87	−14.69	−50.87	45.74	54.24	33.03
	48	44.39	−65.01	62.46	−15.12	−52.92	46.36	54.89	33.58
	50	44.88	−65.8	63.17	−15.36	−54.16	46.54	55.12	33.85

大宝山隧道雅安端右线峰值轴力沿纵向变化 (kN) 表 4-15

位置		拱顶	左拱腰	右拱腰	左拱脚	右拱脚	左墙脚	右墙脚	仰拱
距洞口距离(m)	0	−1745	−2522	−1469	−2655	−3163	−929.2	−2963	−1971
	4	−1865	−2988	−2106	−2399	−2144	−560.8	−2727	−1397
	8	−1853	−3269	−2293	−2389	−2104	−517.4	−2716	−1104
	12	−1841	−3498	−2441	−2442	−2139	−601	−2750	1013
	16	−1845	−3713	−2592	−2515	−2189	−688.8	−2799	963.5
	20	−1863	−3915	−2738	−2594	−2244	−776.5	−2858	934.2
	24	−1892	−4102	−2871	−2670	−2299	−846.3	−2922	920.9
	28	−1933	−4275	−2986	−2742	−2345	−899.3	−2993	921
	32	−1983	−4432	−3085	−2806	−2398	−937.5	−3068	933.7
	36	−2044	−4576	−3167	−2864	−2475	−961.4	−3153	958.1
	40	−2115	−4724	−3236	−2914	−2541	−973.8	−3262	993.7
	44	−2197	−4873	−3298	−2958	−2596	−979.1	−3386	1039
	48	−2297	−5017	−3354	−3005	−2664	−992	−3529	1094
	50	−2356	−5085	−3383	−3030	−2698	−1002	−3612	1123

大宝山隧道雅安端右线峰值剪力沿纵向变化 (kN) 表 4-16

位置		拱顶	左拱腰	右拱腰	左拱脚	右拱脚	左墙脚	右墙脚	仰拱
距洞口距离(m)	0	21.16	7.976	−16.94	26.22	−83.02	−15.54	15.17	−6.41
	4	20.99	11.34	−19.65	19.03	−14.54	−15.38	15.69	−6.508
	8	21.24	10.35	−18.44	25.63	−6.582	−16.42	15.74	−6.786
	12	22.29	9.829	−18.25	28.11	−9.234	−17.89	16.61	−7.09
	16	23.58	9.912	−18.4	29.34	−10.55	−19.18	17.46	−7.402

续表

位置		拱顶	左拱腰	右拱腰	左拱脚	右拱脚	左墙脚	右墙脚	仰拱
距洞口距离(m)	20	24.86	11.31	−18.67	30.33	−11.48	−20.32	18.2	−7.666
	24	26.15	12.11	−18.9	31.23	−12.04	−21.43	18.89	−7.902
	28	27.34	11.21	−19.26	32.08	−12.49	−22.27	19.41	−8.123
	32	28.37	11.64	−19.62	32.87	−12.72	−23.13	19.92	−8.307
	36	29.43	11.06	−20.02	33.59	−12.83	−23.77	20.25	−8.425
	40	30.44	11.32	−20.43	34.32	−12.78	−24.42	20.56	−8.6
	44	31.42	11.43	−20.84	35.03	−12.49	−24.88	20.8	−8.869
	48	32.32	11.65	−21.27	35.92	−12.15	−25.25	21.03	−9.081
	50	32.82	11.69	−21.46	36.32	−12.02	−25.46	21.15	−9.196

由上述内力数值分析结果可以得到下列结论：

（1）虽然隧道横断面的整体变形随着隧道埋深增加而减小，但断面控制点的相对位移随着埋深增加而加大，这预示着隧道截面的内力在逐渐变大，相应的内力数值分析结果也验证了这一点。

（2）在地震作用下，衬砌内力的变化曲线与位移变化曲线不同，弯矩、剪力、轴力随着埋深的增大而逐渐增大，当埋深增加到一定程度，随着埋深的增大，弯矩、轴力、剪力的增长幅度已大大减小。

（3）弯矩最大值为76.05kN·m，出现在隧道左线距明洞洞口2.3m处拱顶，轴力最大值出现在隧道右线距暗洞洞口50m处左拱肩，大小为5085kN，剪力最大值出现在隧道左线距明洞洞口2.3m处左拱腰，大小为122.6kN。

（4）暗洞的内力总体上随着埋深的增加而加大，但在明洞段，虽然静力荷载较小，但在地震作用下，弯矩和剪力也较大，其中明洞中点段的截面内力最大。

4.11 本章小结

本章运用三维数值模拟的方法，对双洞山岭隧道及其洞口段进行了抗减震措施研究，得出以下结论：

（1）地震波的激励方向对隧道结构的地震响应有重要的影响，其中隧道横向的地震响应最大，属于隧道抗震设计的危险方向，纵向次之，竖向最小。

（2）隧道的埋深条件对隧道结构的地震响应有重要的影响，埋深越大，隧道结构越安全，8D的埋深是地震动力作用下的临界埋深，如果埋深小于8D就属于浅埋，否则就可以认为是深埋隧道。

（3）双洞隧道的间距对隧道结构的地震响应有非常重要的影响，由于两个洞室之间在地震作用下存在强烈的相互作用，其间距越小，衬砌的位移和内力就越大，因此对于高烈度区的双洞山岭隧道设计，一定要控制其间距不可过大，一般其净距应不小于 $2D$，最少也要保证不小于其临界间距 $0.5D$。

（4）地震波垂直入射情况下的隧道结构的地震响应最大。

（5）隧道衬砌结构的刚度越大，内力就越大，而柔性衬砌具有一定的减震效果。

（6）隧道围岩的强度越高、整体性越好，隧道结构的地震响应就会越小。

（7）隧道洞口段是隧道抗震设计的薄弱环节，对于公路双洞隧道来说，应取进洞距离不小于 100m 的范围作为洞口抗震设防长度进行抗减震设计。

（8）对于双洞山岭隧道来说，除了必要的抗震设计之外，可以采取一些减震措施来保护衬砌结构，其中注浆加固围岩和加设减震材料是两种简单可行且切实有效的措施。

第 5 章
双洞山岭隧道抗减震模型试验

振动台模型试验是目前研究隧道地震动力响应最有效、最直观的方法，通过相似材料的物理模拟可以深入了解地下隧道衬砌结构的动力响应规律和震害特征，可以检验理论计算结果、验证数值模拟的正确性，从而改进计算模型和分析方法，此外还有助于隧道抗减震措施的优化和验证，从而为隧道的抗震设计提供依据[54]。通过试验测试，将测试结果与数值模拟和已有的现场测试成果进行分析比较，检验数值计算成果的正确性，最后由试验结果综合评价研究地下结构在地震作用下的响应、破坏以及各种防震、减震措施的效果，对高烈度地震区山岭隧道抗减震技术研究具有重要的理论与实际意义。模型试验的作用主要有下列几个：

（1）对抗减震试验的设计方案和测试手段进行检验，探索试验方案对研究隧道抗减震的有效性和可行性。

（2）通过模型试验，对隧道的抗减震措施进行检验，与理论分析和数值计算结果进行比较，达到相互验证的目的。

（3）对隧道地震作用下的破坏模式、破坏机理进行研究，为隧道抗减震设计和施工提供指导。

本章在理论计算和数值模拟的基础上，以相似理论为指导，采用相似比为1∶30 的大比例尺相似模型，以雅泸高速公路勒不果喇吉隧道为原型，在多种工况下研究了双洞山岭隧道的抗减震措施，并与理论计算和数值模拟相互验证，得到了双洞山岭隧道的地震响应规律，并提出相应的减震措施，这对于高烈度区的双洞山岭隧道设计和施工具有重要的指导意义。

模型试验的主要步骤为：确定相似关系和参数、选择模型材料和设备、模型制作、进行试验、试验结果分析。

5.1 模型试验相似关系及相似参数设计

模型试验首要要解决如何进行模型设计以及如何将模型试验中获得的结果推广到原型实体中，这就需要严格按照相似理论的要求进行模型设计和参数选定。

相似理论主要由以下三个定理组成[135]。

相似第一定理（又称相似正定理）可以简述为"彼此相似的现象，单值条件相同，其相似判据的数值也相同"。由此，可以用相似判据把相似现象中对应的物理量联系起来，便于将试验结果正确转换到与其相似的原型上。

相似第二定理（又称π定理）可以简述为"当一现象由 n 个物理量的函数关系来表示，且这些物理量中含 k 种基本量纲时，则能得到 $(n-k)$ 个相似判据"。这样就可以把物理方程转化为判据方程，简化待求解的问题。

相似第三定理（又称相似逆定理）可以简述为"对于同类现象，凡单值条件相似，并且由单值条件量组成的定型准则相等，则这些现象相似"。

相似第一定理和相似第二定理是判别相似现象的一个很重要的法则，这两个定理确定了相似现象的基本性质，但它们都是在假定现象相似的基础上推导相似物理量的参数，所论大部分属于内部特征，而相似第三定理则是通过现象最少的外部特征来判断现象是否相似，是相似第一、第二定理应用的基础。

根据相似理论分析，在几何尺寸、振动频率、应力、弹性模量等参数中，可以选取两个独立参数，据此推导出其他参数。

5.1.1 相似准则的推导

相似准则的导出方法主要有定律导出法、方程分析法和量纲分析法，其中以后两种方法比较常用，尤其是量纲分析法应用最为广泛。量纲分析法以量纲齐次方程为理论基础，其优点是可不局限于已知微分方程的物理现象，求得与π定理一致的函数表达式，可直接进行相似推广，尤其适合那些机理尚未知、规律尚未掌握的复杂现象。此外，量纲分析法的应用范围十分广泛，凡是可用方程分析法的地方，就可用量纲分析法，反之则不然。本书即采用量纲分析法来推导地震动力模型试验的相似准则。

用 p 和 m 表示原型与模型的物理量，则原型的物理量与对应的模型物理量的比值称为相似比，用 C 表示。对于动力问题，主要考虑以下 15 个物理量：荷载 F、几何长度 L、时间 T、质量 M、刚度 K、应力 σ、密度 ρ、弹性模量 E、振动频率 f、速度 v、加速度 a、阻尼系数 c、泊松比 μ、应变 ε、摩擦角 φ。可将这些物理量的相似比表示为：

荷载相似比：$$C_F = F_p / F_m \tag{5-1}$$

几何长度相似比：$$C_L = L_p / L_m \tag{5-2}$$

时间相似比：$$C_T = T_p / T_m \tag{5-3}$$

质量相似比：$$C_M = M_p / M_m \tag{5-4}$$

刚度相似比：$$C_K = K_p / K_m \tag{5-5}$$

应力相似比：$$C_\sigma = \sigma_p / \sigma_m \tag{5-6}$$

密度相似比：$$C_\rho = \rho_p / \rho_m \tag{5-7}$$

弹性模量相似比：$$C_E = E_p / E_m \tag{5-8}$$

振动频率相似比： $C_f = f_p / f_m$ (5-9)

速度相似比： $C_v = v_p / v_m$ (5-10)

加速度相似比： $C_a = a_p / a_m$ (5-11)

阻尼系数相似比： $C_c = c_p / c_m$ (5-12)

泊松比相似比： $C_\mu = \mu_p / \mu_m$ (5-13)

应变相似比： $C_\varepsilon = \varepsilon_p / \varepsilon_m$ (5-14)

摩擦角相似比： $C_\varphi = \varphi_p / \varphi_m$ (5-15)

在模型试验中，一般设定泊松比、应变、摩擦角等无量纲量的相似比为1，因此，下面主要推导其他12个物理量的相似准则[135]。

对于动力结构模型来说，除了要满足静力结构模型的相似条件之外，还要满足与动力问题相关的物理参数的相似条件，在基本量纲的选取上，除了长度 $[L]$ 和力 $[F]$ 两个基本量纲外，还需要考虑增加一个基本量纲，即时间 $[T]$。由于物理量共有12个，基本量纲有3个，则可求出9个相似准则，其量纲矩阵可表示为：

$$\begin{bmatrix} & x_1 & x_2 & x_3 & x_4 & x_5 & x_6 & x_7 & x_8 & x_9 & x_{10} & x_{11} & x_{12} \\ & F & L & T & M & K & \sigma & \rho & E & f & v & a & c \\ F & 1 & 0 & 0 & 1 & 1 & 1 & 1 & 1 & 0 & 0 & 0 & 1 \\ L & 0 & 1 & 0 & -1 & -1 & -2 & -4 & -2 & 0 & 1 & 1 & -1 \\ T & 0 & 0 & 1 & 2 & 0 & 0 & 2 & 0 & -1 & -1 & -2 & 1 \end{bmatrix} \quad (5\text{-}16)$$

按此矩阵，可得线性方程组：

$$\begin{cases} F: & x_1 + x_4 + x_5 + x_6 + x_7 + x_8 + x_{12} = 0 \\ L: & x_2 + x_4 + x_5 + 2x_6 + 4x_7 + 2x_8 - x_{10} - x_{11} + x_{12} = 0 \\ T: & x_3 - 2x_4 - 2x_7 + x_9 + x_{10} + 2x_{11} - x_{12} = 0 \end{cases} \quad (5\text{-}17)$$

按相似准则数设定9套数值，可以分别求解 x_1、x_2、x_3，将计算结果整理为如下的 π 矩阵：

$$\begin{bmatrix} & x_1 & x_2 & x_3 & x_4 & x_5 & x_6 & x_7 & x_8 & x_9 & x_{10} & x_{11} & x_{12} \\ & F & L & T & M & K & \sigma & \rho & E & f & v & a & c \\ \pi_1 & -1 & 1 & -2 & 1 & 0 & 0 & 0 & 0 & 0 & 0 & 0 & 0 \\ \pi_2 & -1 & 1 & 0 & 0 & 1 & 0 & 0 & 0 & 0 & 0 & 0 & 0 \\ \pi_3 & -1 & 2 & 0 & 0 & 0 & 1 & 0 & 0 & 0 & 0 & 0 & 0 \\ \pi_4 & -1 & 4 & -2 & 0 & 0 & 0 & 1 & 0 & 0 & 0 & 0 & 0 \\ \pi_5 & -1 & 2 & 0 & 0 & 0 & 0 & 0 & 1 & 0 & 0 & 0 & 0 \\ \pi_6 & 0 & 0 & 1 & 0 & 0 & 0 & 0 & 0 & 1 & 0 & 0 & 0 \\ \pi_7 & 0 & -1 & 1 & 0 & 0 & 0 & 0 & 0 & 0 & 1 & 0 & 0 \\ \pi_8 & 0 & -1 & 2 & 0 & 0 & 0 & 0 & 0 & 0 & 0 & 1 & 0 \\ \pi_9 & -1 & 1 & -1 & 0 & 0 & 0 & 0 & 0 & 0 & 0 & 0 & 1 \end{bmatrix} \quad (5\text{-}18)$$

根据 π 矩阵，可获得各独立的 π 项，即相似准则：

$$\pi_1 = F^{-1}LT^{-2}M = \frac{LM}{FT^2} \tag{5-19}$$

$$\pi_2 = LKF^{-1} = \frac{LK}{F} \tag{5-20}$$

$$\pi_3 = L^2F^{-1}\sigma = \frac{L^2\sigma}{F} \tag{5-21}$$

$$\pi_4 = F^{-1}L^4T^{-2}\rho = \frac{L^4\rho}{FT^2} \tag{5-22}$$

$$\pi_5 = L^2F^{-1}E = \frac{L^2E}{F} \tag{5-23}$$

$$\pi_6 = Tf \tag{5-24}$$

$$\pi_7 = L^{-1}Tv = \frac{Tv}{L} \tag{5-25}$$

$$\pi_8 = L^{-1}T^2a = \frac{T^2a}{L} \tag{5-26}$$

$$\pi_9 = F^{-1}L^1T^{-1}c = \frac{Lc}{FT} \tag{5-27}$$

一般情况下，可以设定加速度相似比 C_a（包括重力加速度相似比）为 1，因此可由式（5-26）得到 $C_T = C_L^{1/2}$，再由式（5-21）和式（5-23）得 $C_F = C_E C_L^2 = C_\sigma C_L^2$，其他物理量的相似关系都可同理推导，具体过程不再赘述，各物理量的相似关系结果汇总见表 5-1。

5.1.2 相似参数的确定

获得各参数的相似关系后，至少需要确定两个相似参数，则其余参数可依相似关系推导获得。根据模型材料的实际情况，首先确定几何相似比 C_L 和弹性模量相似比 C_E，再根据公式和试验实际情况确定其余参数的相似比。

（1）几何相似比 C_L 的确定

根据双洞山岭隧道工程的实际数据，隧道的开挖宽度为 $B_T = 12.64m$，开挖高度为 $H_T = 10.14m$，试验震动台模型箱的最大尺寸为 6m（长）×3m（宽）×2m（高）。隧道的轴线与模型箱长度方向一致，隧道的截面方向与模型箱宽度方向一致。考虑到模型的边界效应，隧道模型两侧的宽度应在 2~3 倍隧道跨度以上，即模型箱宽度应为 6 倍隧道宽度以上，则模型的宽度应在 3/6=0.5m 以下。因此，几何相似比大于 1264/50=25.28。同时，参考振动实验的要求，即为了更好地反映实际振动过程,几何相似比尽量不要大于40。据此,确定几何相似比 $C_L=30$。

(2) 弹性模量相似比 C_E 的确定

弹性模量相似比取值主要考虑实验材料的选取方便。隧道采用的衬砌结构为C25混凝土,弹性模量为 $1.75\times10^4 \sim 3.0\times10^4$ MPa。模型采用石膏混合材料,根据现场测试,其弹性模量为 $0.6\times10^4 \sim 1.0\times10^4$ MPa。另外考虑到与密度相似比的配套,C_E 不能取得过小,否则会造成 C_ρ 偏小,难以满足模型材料的密度要求。因此,综合确定弹性模量相似比 $C_E=45$。

(3) 密度相似比 C_ρ 的确定

密度相似比 C_ρ 主要考虑材料的重度情况,如果采用石膏来代替隧道衬砌,则可取材料 $C_\rho=$ 混凝土/石膏材料。由于在实验中材料的相似比的一致性,如果用土体来模拟Ⅴ级围岩,则土体和衬砌结构的相似关系须保持一致。Ⅴ级围岩的密度为 $2.2\times10^3 \sim 2.5\times10^3$ kg/m³,用土体模拟岩体的密度比较难调整,可以通过加入卵石等其他材料来调整重度。试验中也可以采用粉煤灰等其他粉体材料模拟围岩,适当掺加其他混合料可以对密度和弹性模量等参数进行调整,显然常用可选的围岩相似材料与真实围岩的密度比在1~2之间。

混凝土的重度一般为 $2.2\times10^3 \sim 2.5\times10^3$ kg/m³,而石膏重度= $1.2\times10^3 \sim 2.0\times10^3$ kg/m³,可以通过在石膏里添加石英砂调整其密度,同时添加适量石英砂会使石膏强度有所加强。通过在石膏中加入其他原材料,并变化各种材料的相互比例,可以使石膏混合材料的弹性模量达到 $(0.5\sim10)\times10^4$ MPa,泊松比约为 $0.15\sim0.25$,压拉强度比达到 5~12。这些混合材料很大程度上改善了材料的力学和变形模拟性,扩大了它的使用范围。在石膏中加入一定比例的石英砂或者标准砂。砂-石膏材料成型后至少需要半个月后其物理性质才能趋于稳定。这种材料的特点是强度比相当大,其抗压强度与抗弯强度之比为 3~4,抗压强度与抗拉强度之比为 5~8,而强度本身的大小对这些比例关系的影响不大,湿度的增大会使材料的强度显著降低。

根据不同的试验目的和要求,可采用不同的外加材料。如需要提高材料的重度,可加入重晶石粉、铁粉、铁晶粉(一种铁矿石经过加工后的原材料)等重度较大的材料。通过上述分析可知,对于围岩和衬砌相似材料来说,常用可选的密度相似比应在1~2之间。同时结合已经确定的模型试验几何相似比和弹性模量相似比,确定的试验材料密度相似比为1.5。

同理,可以推导得到其他物理参数的相似参数的相似比,结果如表5-1所示。

模型试验主要物理量的相似关系　　　　　　　　　　　　表 5-1

类型	物理量	量纲(力制)	相似关系	相似系数
材料特性	应力 σ	FL^{-2}	$C_\sigma = C_E$	45
	应变 ε	—	$C_\varepsilon = 1$	1
	弹性模量 E	FL^{-2}	C_E	45
	泊松比 μ	—	$C_\mu = 1$	1
	密度 ρ	FT^2L^{-4}	$C_\rho = C_E/C_L$	1.5
几何特性	几何长度 L	L	C_L	30
荷载	荷载 F	F	$C_F = C_E C_L^2$	40500
动力特性	时间 T	T	$C_T = C_L^{1/2}$	5.48
	频率 f	T^{-1}	$C_f = C_L^{-1/2}$	0.18
	速度 v	LT^{-1}	$C_v = C_L^{1/2}$	5.48
	加速度 a	LT^{-2}	$C_a = 1$	1
	重力加速度 g	LT^{-2}	$C_g = 1$	1
	阻尼 C	FTL^{-1}	$C_C = C_E C_L^{3/2}$	7394
	质量 M	FT^2L^{-1}	$C_M = C_\rho C_L^3$	40500
	刚度 K	FL^{-1}	$C_K = C_E C_L$	1350

5.2 模型试验材料的配制

5.2.1 围岩相似材料的配比及制备方法

1. 围岩相似材料配比分析

勒不果喇吉隧道全部由Ⅴ级围岩组成，岩性较为破碎，试验原型参数以设计地勘报告提供的岩性特征为基础并参考《公路隧道设计规范》JTG 3370.1—2018 进行取值，原型物理力学参数值列于表 5-2。

原型围岩的物理力学参数　　　　　　　　　　　　表 5-2

围岩级别	黏聚力 C(kPa)	内摩擦角 φ	弹性模量 E(GPa)	重度 γ(kN/m³)
Ⅴ	20~200	20°~27°	1.3~6.0	17~20

根据各类围岩原型参数及必须满足的相似关系，经正交试验数十次反复比选调配，最后选用不同比例材料的热融混合料作为围岩的相似材料。须严格控制重度的变化幅度，具体填料时以称重后的松散料均匀填入，然后用重锤反复锤压至

预定刻度线，可满足动力条件下的各种试验。

试验材料配制选取两种配置方案，即：方案一，粉煤灰、粗石英砂、细石英砂、河砂、重晶石、机油。方案二，粉煤灰、河砂、机油。材料的规格和所用性质见表5-3。

相似材料种类标号参数一览表　　　　　　　　　表5-3

材料	细石英砂	粗石英砂	重晶石	粉煤灰	河砂	机油
型号	20目	80目	400目	搏磊粉煤灰,F类、二级	细砂	—

粉煤灰为灰色或灰白色的粉状物，含水量大的粉煤灰呈灰黑色。它是一种具有较大内表面积的多孔结构，多半呈玻璃状，粉煤灰的多孔结构，对水有较大的吸附能力。其主要物理性质有相对密度、松散干重度、孔隙率及细度等。

对于重晶石主要控制其密度。对于砂（粗、细石英砂、河砂）主要控制其颗粒级配，调整其密实度和密度。机油主要作为胶粘剂，综合调整岩土相似材料的密度、黏聚力和摩擦角等值。

2. 围岩材料试验及其结果

方案一：采用的试验材料包括粉煤灰、粗石英砂、细石英砂、河砂、重晶石、机油等，其相应的试验数据如表5-4所示。

围岩相似材料方案一正交试验一览表　　　　　　表5-4

试样编号	试验材料配比(%)						试验结果			备注
	重晶石	粉煤灰	河砂	粗石英砂	细石英砂	机油	密度(g/cm³)	黏聚力C值(kPa)	内摩擦角(°)	
1	7.27	54.55	14.55	7.27	7.27	9.09	1.3	2.6	29	
2	6.29	47.17	18.87	9.43	9.43	8.81	1.4	3.3	31.7	
3	3.36	40.27	23.49	11.74	11.74	9.40	1.36	1.86	31.3	
4	6.71	50.34	16.78	8.39	8.39	9.40	1.38	2.43	27.3	重复三次，结果一致，满足要求
5	6.71	50.34	16.78	8.39	8.39	9.40	1.38	2.43	27.3	
6	6.71	50.34	16.78	8.39	8.39	9.40	1.38	2.43	27.3	

方案二：采用的试验材料包括粉煤灰、河砂、机油等，其相应的试验数据如表5-5所示。

围岩相似材料方案二正交试验一览表　　　　　　表5-5

试样编号	试验材料及配比(%)			试验结果			备注
	粉煤灰	河砂	机油	密度(g/cm³)	黏聚力C值(kPa)	内摩擦角(°)	
1	68	25	7	1.3	3.1	31.5	

续表

试样编号	试验材料及配比(%)			试验结果			备注
	粉煤灰	河砂	机油	密度 (g/cm³)	黏聚力 C 值(kPa)	内摩擦角(°)	
2	65.5	27	7.5	1.3	2.6	29.2	
3	64.5	27	8.5	1.3	3.8	31.5	
4	68	25.5	6.5	1.3	1.26	27	
5	68.3	25	6.7	1.3	0.4	27.1	
6	68	25.2	6.8	1.3	13.5	26.5	
7	67.5	25	7.5	1.3	4.76	28.7	满足(上限)要求
8	60	30	10	1.3	2.43	29.2	重复三次，结果一致，满足要求
9	60	30	10	1.3	2.43	29.2	
10	60	30	10	1.3	2.43	29.2	

由表 5-4 和表 5-5 可知：方案一和方案二均可以满足实验方案的相似材料要求，但由于方案一的配比材料较多，制作较为困难，因此优先选用方案二来配制相似材料。而从岩土直剪试验结果可以得出，对于方案二，河砂和机油主要对黏聚力敏感，对材料的摩擦角和密度也可以起到一定控制作用。而粉煤灰作为骨料颗粒，主要调节其密度使得颗粒级配满足试验要求。

根据各类围岩原型参数及必须满足的相似关系，经正交试验数十次反复比选调配，最后选用不同比例的粉煤灰、河砂和机油的热融混合料作为围岩的相似材料。

根据 V 级围岩的相似材料的最优配比，进行正交试验，参考表 5-5，物理力学期望参数见表 5-6。

围岩相似材料物理力学期望参数表（模型值） 表 5-6

名称	内聚力 C(kPa)	内摩擦角 φ	弹性模量 E(MPa)	重度 γ(kN/m³)
原型值	20~200	20°~27°	1.3×10^3~6.0×10^3	17~20
模型值	0.44~4.4	20°~27°	28.9~133	11.3~13.3
试验值	2.38	29.2°	30.1	13

3. 围岩材料制备

将搅匀后的粉煤灰和细砂混合料加入容器内与机油充分混合，待冷却后碾细即成。此种材料能在本次试验的相似关系上较好地模拟各类围岩体，受温度、湿度等环境影响很小，因此，须严格地控制重度的变化幅度，具体填料时以称重后的松散料均匀填入，然后用重锤反复锤压至预定刻度线。一旦成型，其指标与时间无关，可满足动力条件下的各种试验。

大批模型试验相似材料进场后，再次对相似材料进行验证试验，并由此对各相似材料的配比进行了微调。图 5-1 为围岩相似材料机油挥发情况。由图 5-1 可知相似材料中机油挥发在 48 小时后即可趋于稳定，以此时的相似材料的力学参数指标较为合理。因此，在相同条件下，配制好相似材料后放置约 48 小时后进行试验才能保证其试验结果可靠性。

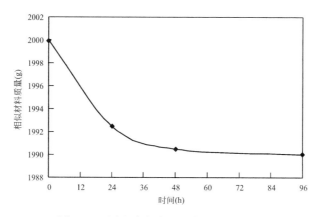

图 5-1 围岩相似材料机油挥发时间曲线

勒不果喇吉隧道围岩以 V 级为主，岩性较为破碎，试验原型参数以设计地勘报告提供的岩性特征为基础进行取值。

根据各类围岩原型参数及必须满足的相似关系，经正交试验数十次反复比选调配，最后选用粉煤灰、河砂、机油的热融混合料作为围岩的相似材料。确定模型围岩的最优材料比例为：粉煤灰 60%、河砂 30%、机油 10%，其中粉煤灰采用搏磊 F 类二级粉煤灰，为具有较大内表面积的多孔结构，呈玻璃状，对水有较大的吸附能力。河砂采用细砂。机油主要作为胶粘剂，综合调整模型围岩的密度、黏结力和摩擦角。

5.2.2 衬砌相似材料的配比与预制方法

1. 衬砌相似材料的配比设计

原型衬砌结构设计为 C25 混凝土，50cm 厚，按几何相似比取模型衬砌厚度 1.7cm。衬砌模型材料拟选用石膏，考虑到石膏材料在满足弹性模量的条件下的密度偏低，需要在石膏中掺入一定量的其他重型材料以增加密度。为达到隧道抗震试验的要求，进行了大量的试验分析研究（正交试验）。正交试验因素如表 5-7 所示。

正交试验因素位级表   表 5-7

因素	P(石膏)	B(重晶石粉)	Q(石英砂)	W(水)
位级一	0.5 份	3 份	0 份	W＝1.0P＋0.12B＋0.1Q
位级二	1 份	5 份	0.5 份	W＝1.0P＋0.12B＋0.1Q
位级三	1.5 份	8 份	1 份	W＝1.0P＋0.12B＋0.1Q

通过正交试验，得出模筑混凝土衬砌的相似材料采用石膏（280 目）、石英砂、重晶石、水的比例为：1∶1∶1.8∶1.3。衬砌采用预制方法加工而成，石膏材料的力学指标取用 1 周后的终凝值，其值可参考表 5-8。

模筑混凝土相似材料力学性质对比   表 5-8

测试参数	原型值(设计值)	模型值(理论值)	实验值	相似程度
密度(g/cm^3)	2.5	1.67	1.70	满足
弹模(MPa)	29.5	0.66	0.72	满足
强度(MPa)	12.5	0.3	0.426	接近

2. 模型成型方式

浇筑成型步骤为：浇筑—自然干燥—拆模—烘干（温度不宜超 600℃）或自然干燥。这种成型方式的缺点是渗水较多，不易干燥，但成型周期短，浇筑的模型表面较平整，易于黏贴应变片。图 5-2 为浇筑好的衬砌模型。

3. 石膏类材料的干燥判别及表面防潮处理

石膏类材料在天然条件下易吸潮，而此类材料的力学性质对含水量的变化极为敏感。试验时，模型的干燥度用其表面绝缘度来判别，一般当绝缘电阻达到 200～500MΩ 时，认为模型已干燥。

模型干燥后，为防止其在试验前或试验过程中再度受潮，应对模型表面进行防潮处理。通常的做法是在模型表面刷抹一层很薄的清漆。对要黏贴应变片的模型表面，应先用细砂纸将其打磨平整光滑，然后再作防潮处理。

隧道衬砌模型配比试验还要考虑不同干燥路径对石膏试件强度的影响。图 5-3 为烘

图 5-2 衬砌模型图

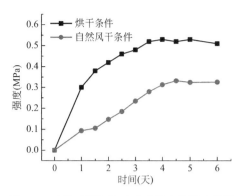

图 5-3 不同干燥路径对试验强度的影响曲线

干条件下和自然风干下的石膏强度对比。显然，烘干下的石膏强度较高。

4. 模型的黏结

用电测法进行平面应变模型试验时，为避免边界效应，应变片一般贴在模型 1/2 厚度的截面上。为此，制作两个为原模型厚度一半的试件，将应变片贴在其中一个试件上，然后把两个试件黏合为整体，即所需的模型。黏合时，可先在贴片面上均匀涂抹一层约 10mm 的胶粘剂，然后立即将另一个试件盖在其上，这时上覆试件的重量可将多余的胶粘剂挤出。合模后，黏结层约厚 2mm。合模时要求胶粘剂涂抹均匀，对位准确。对胶粘剂的要求是，具有一定的黏结强度（以略低于模型材料强度为佳），弹性模量与模型材料的弹性模量相近，固化后性能稳定，（对破坏试验而言）在模型破坏时，断裂线能穿过黏结面，以保证模型的破坏形态与原型一致。

5.3 模型试验振动台设置

试验采用西南交通大学牵引动力国家重点实验室的振动台，该振动台由德国 SCHENCK 公司生产，其主要技术参数见表 5-9。

振动台主要参数 表 5-9

振动台主要参数	设计值
台面尺寸(m×m)	2.5×2.5
最大载重(t)	100
最大加速度(g)	水平:1.0　竖向:1.0
最大速度(cm/s)	水平:120　竖向:80
最大位移(cm)	水平:±50　竖向:±50
工作频率(Hz)	0.1～30

试验在专门制作的台架上进行，试验台架主要由 4 根约 150t 的立柱及横梁

组成。按试验要求将模型箱放在振动台架上，振动台的台面需要足够的刚度和承载力，以便台面的自振频率能够避开振动台的使用频率范围，以防其共振，一般要求台面的一阶频率高于$\sqrt{2}$倍的使用频率上限。振动台的台面应当尽可能轻，以获得更大的台面承载力或者更大的激振加速度，因此，从材料和经济方面考虑，台架采用钢板焊接而成的格栅结构，局部进行了加强（作动器部位），如图5-4和图5-5所示。

图5-4　模型试验台架

图5-5　模型试验振动台台面

模型试验采用的作动器由英国 Instron 公司生产，将其倒挂于4根立柱的横梁上，通过4根链杆作用于振动台上，将振动台悬吊起进行竖向激振，如图5-6所示，侧向作动器作用于振动台侧面，如图5-7所示。

图5-6　模型试验作动器

图5-7　模型试验侧向作动器

模型试验的控制系统为 Tektronix TDS2022，加载系统为 SCHENCK，数据采集测试系统采用北京世纪兴元科技发展有限责任公司生产的"32通道数字式动态信号测试系统"，如图5-8～图5-10所示。

图 5-8　地震波控制系统

图 5-9　地震波加载系统

图 5-10　高速数据采集系统

5.4　模型箱的设计

在模拟半无限场地问题时,模型箱的边界对激振可形成反射波,使模型材料的振动与自由场地中波传播问题有很大差异。同时,由于模型箱内表面与模型土之间存在摩擦力,使模型在低应力水平下(未克服摩擦力之前)刚度变大。此外,模型箱围护材料对模型土应变有一定的约束作用,使模型土不能自由变形。因此,设计模型箱时应注意力求最大限度地减小边界效应的影响[136,137]。

本次试验设计中,关于模型箱结构组成的要求为:

(1) 结构牢固,以免箱体在激振过程中失稳破坏。

(2) 边界条件明确简单,力求使模型土与边界面的接触条件可模拟原型场地土的地震响应的性状,可根据在试验过程中采集的量测信息进行分析。

(3) 模型材料数量适度,以免整个试验系统超出振动台最大承载能力。

（4）避免模型箱与模型土因自振频率相近而使两者发生共振，由此影响理论分析成果的合理性。

根据试验台的情况及试验设备安装的方便，选取模型箱尺寸为：高度 2.0m，横断面方向净宽 2.5m，模型纵向净长度 2.5m，如图 5-11 和图 5-12 所示。

图 5-11　模型箱

图 5-12　模型试验装置

模型箱采用的边界为刚性固定边界，激振方向上刚性边界的内侧衬有柔性材料。在与水平振动方向垂直的方向上，箱体内壁均衬有厚 100mm 的聚苯乙烯泡沫塑料板，以减小箱壁与土体的接触面上的摩擦阻力和降低反射波对模型试验测试结果的影响。在模型底部铺设一层碎石，用以增大接触面上的摩擦阻力，以免激振时模型体底板发生相对滑移，如图 5-13 和图 5-14 所示。

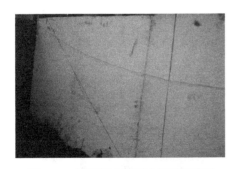

图 5-13　模型箱减振缓冲塑料泡沫层

图 5-14　模型箱底面碎石层

5.5　模型试验量测系统

模型试验目的在于观测和分析试验结构或模型的破坏机理、破坏规律及震害原因，最后由试验结果综合评价试验结构或模型的抗震能力。试验量测主要包括应变测试、加速度测试以及破坏过程观测。

1. 隧道结构应变测试

采用在衬砌内、外侧对称布设环向电阻应变片，测读内外侧应变值，以此获得内外侧的应力及衬砌截面的内力。具体选用 5mm×2mm 箔式胶基电阻应变片，布片前用环氧树脂对布片部位设置基底，应变片采用半桥连接，经检查合格后对应变片做防潮处理。

根据数值计算结果得出的双洞隧道地震响应规律，将应变片主要布置在结构动应力响应较大的部位。同时，为了验证沿隧道纵向的应变响应规律，还设置了辅助断面，如图 5-15 和图 5-16 所示。

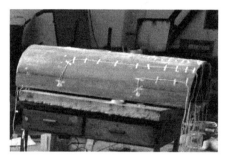

图 5-15　模型应变片的黏贴

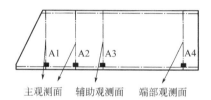

图 5-16　隧道模型洞口段观测断面布设

2. 隧道模型加速度测试

加速度计量测可以了解隧道模型的加速度与振动台输出的加速度的变化情况，推断模型土对地震波的放大系数。本次试验在隧道模型内部距洞口 20cm 处及振动台上分别安装一个加速度传感器，如图 5-17 所示。

(a) 模型内部

(b) 模型箱

图 5-17　隧道模型内部及模型箱安设的加速度计

3. 破坏过程观测及破坏状态记录

每次试验施加峰值加速度时程曲线，用标识线注明围岩深部裂纹及破坏范围，用坐标纸做素描记录，并用拍照及摄像方式做实况图像记录。在试验过程中，每次荷载施加后，均观察洞室周边围岩及支护状况，并记录裂纹的发生及发展过程。

5.6 模型试验方案

1. 地震波的加载

模型试验采用勒不果喇吉人工波作为振动台的输入波，取东西向的水平加速度记录作为振动台的输入波，考虑到振动台频率的限制，与数值模拟分析类似，试验也需要对地震波进行滤波和校正等处理，具体可参阅 3.1 节，在此不再赘述。

试验中，振动台面输入的加速度峰值逐级递增，输入波的时间间隔和加速度峰值需要根据相似关系进行调整，试验采用的步长为 0.0052s。在开始激振前用小振幅的白噪声预振，使模型土体密实。其后每次改变加速度输入峰值时同样也要输入白噪声扫描，以观测模型体系动力特性的改变情况。

2. 模型试验测试方案

本次试验分 5 组工况，具体可见表5-10。其中工况 1 和工况 2 分别以隧道单洞洞口和单洞洞身进行模型试验，目的主要是对模型进行试振，以测试各项仪器设备的运行状况，同时也可将其试验结果与工况 3 进行对比，分析减震层对隧道结构抗震性能的影响。可以将工况 1、2 和 3 的试验结果与工况 4 和 5 的结果进行对比，分析双洞隧道与单洞隧道地震响应的不同之处，获得双洞山岭隧道的地震动力特性。

试验工况说明　　　　　　表 5-10

工况序号	采用的模型	模型说明
1	单洞洞口段	试振，以测试各种仪器正常运行
2	单洞洞身段	含断层，无减震层
3	单洞洞身段	有减震层
4	双洞洞口段	隧道中心距80cm，前后错距80cm，无减震层
5	双洞洞口段	隧道中心距80cm，前后错距80cm，有减震层

（1）工况 1：单洞洞口段无抗减震措施模型试验

图 5-18 为模型三维图示意图,图 5-19 为应变片布置。其中断面 1 位于离隧道洞口 30cm 处,断面 2 位于隧道中心位置,断面 3 位于距隧道端部 30cm 处,其中 1 断面作为主观测断面,断面 2、3 作为辅助断面。

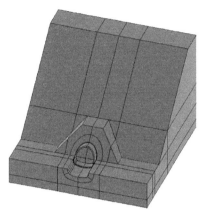

图 5-18 工况 1 三维模型

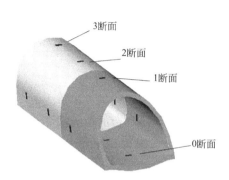

图 5-19 工况 1 隧道模型测点示意图

(2) 工况 2、3:单洞隧道洞身

应变片布置如图 5-20、图 5-21 所示,断面 1、4 位于离隧道两端 30cm 处,断面 2、3 位于离隧道中心 30cm 位置,其中断面 2 作为主观测断面。

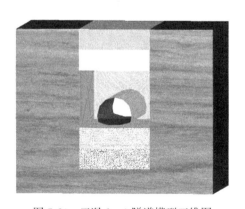

图 5-20 工况 2、3 隧道模型三维图

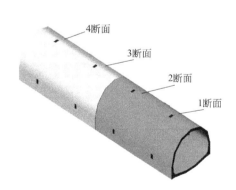

图 5-21 工况 2、3 隧道模型测点示意图

(3) 工况 4、5:双洞隧道洞口段

图 5-22 为模型三维图示意图,图 5-23 为应变片布置示意图。右洞断面 1 位于离隧道洞口 30cm 处,断面 2 位于隧道中心位置,断面 3 位于距隧道端部 30cm 处,其中断面 1 作为主观测断面,断面 2、3 作为辅助断面。

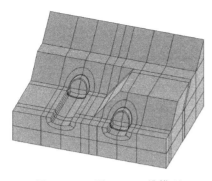 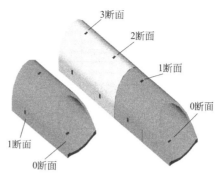

图 5-22　工况 4、5 三维模型　　图 5-23　工况 4、5 隧道模型测点示意图

5.7　模型试验结果及分析

5.7.1　单洞隧道洞口段地震响应分析

本组试验主要研究单洞隧道洞口段衬砌结构的破坏机理和震害原因，为隧道抗减震设计和施工提供指导。在隧道模型试验激振过程中，利用高速数据采集仪对隧道衬砌振动时的振幅进行分析。隧道模型见图 5-24。

图 5-24　单洞隧道试验模型

1. 地震输入和试验加载方案

本组工况地震波共分 6 次加载，具体见表 5-11，对隧道模型横向加载，逐级提高台面输入加速度峰值。

地震波加载工况　　　　　　　　表 5-11

加载次序	1	2	3	4	5	6
台面输入加速度峰值(g)	0.3	0.4	0.5	0.6	0.7	0.8

2. 模型动力特性测试

试验前向台面输入小振幅白噪信号，以测试模型系统的动力特性，测试结果如图 5-25、图 5-26 所示，由此得到模型系统的自振频率为 5.74Hz。

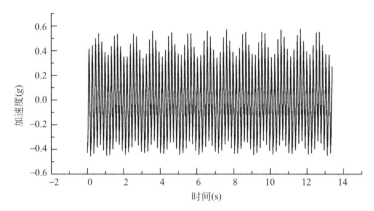

图 5-25　模型体系加速度反应曲线

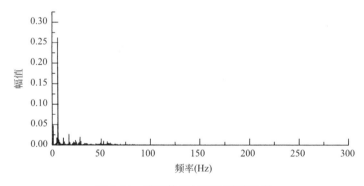

图 5-26　模型体系加速度其傅氏谱

3. 模型土及隧道结构开裂情况

在 6 次激振过程中，隧道衬砌结构表面未出现明显裂缝，如图 5-27 所示，仅在两模型交接处，出现了细小裂缝。

在振动过程中模型土表面出现了较多裂纹，如图 5-28 所示。裂纹首先从距隧道拱顶两侧 45°位置沿模型土向上发展。造成这一裂纹的主要原因是模型土与结构的相互作用。

图 5-27　振动结束后隧道衬砌

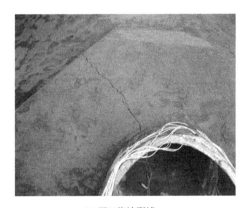

(a) 洞口仰坡裂缝　　　　　　　　　　(b) 地表裂缝

图 5-28　模型土表面地震裂缝

5.7.2　单洞隧道洞身段地震响应分析（含断层，无减震层）

1. 试验模型和加载情况

本组试验主要研究单洞隧道洞身段跨断层的地震反应规律。其试验模型如图 5-29 所示。图中隧道两端部中间位置白色线条即为断层，断层与隧道正交，无减震措施。

本次试验共分 8 次加载，具体加载情况见表 5-12。

(a) 正面　　　　　　　　　　　　(b) 顶面

图 5-29　工况 2 模型试验照片

地震波加载工况　　　　　　　　　　　表 5-12

加载次序	1	2	3	4	5	6	7	8
横向加速度幅值(g)	0.13	0.29	0.33	0.32	0.38	0.89	0.37	0.50
竖向加速度幅值(g)	0.34	0.31	0.38	0.55	0.44	0.57	0.60	0.76

隧道仰拱处及模型箱外壁加速度监测情况见表 5-13。

加速度计测试结果一览表　　　　　　表 5-13

加载次序	隧道仰拱处加速度(g)				模型箱外壁加速度(g)			
	横向		竖向		横向		竖向	
1	0.066	−0.08	0.38	−0.36	0.13	−0.14	0.34	−0.35
2	0.26	−0.27	0.38	−0.39	0.29	−0.33	0.31	−0.38
3	0.26	−0.24	0.48	−0.50	0.33	−0.32	0.38	−0.43
4	0.26	−0.30	0.68	−0.60	0.32	−0.27	0.55	−0.61
5	0.53	−0.40	0.64	−0.54	0.38	−0.36	0.44	−0.45
6	0.43	−0.31	0.81	−0.64	0.89	−0.31	0.57	−0.61
7	0.34	−0.33	0.88	−0.79	0.37	−0.41	0.60	−0.75
8	0.34	−0.33	1.02	−0.98	0.50	−0.39	0.76	−0.93

2. 隧道衬砌应变监测结果

图 5-30～图 5-37 为第 4 次加载时的隧道拱顶、墙脚和仰拱等典型监测点的应变时程。由图可知：隧道衬砌各个监测点的内侧应变值均大于外侧应变，其中拱顶内侧的应变最大。

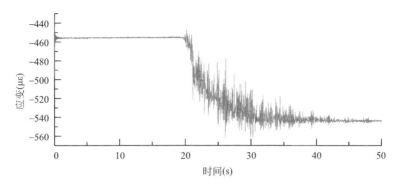

图 5-30　隧道衬砌模型拱顶内侧应变时程

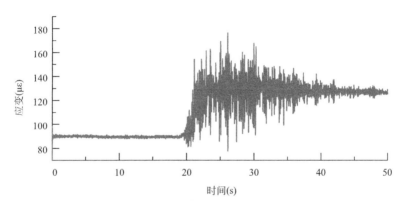

图 5-31　隧道衬砌模型拱顶外侧应变时程

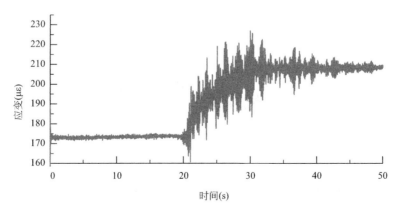

图 5-32　隧道衬砌模型左墙脚内侧应变时程

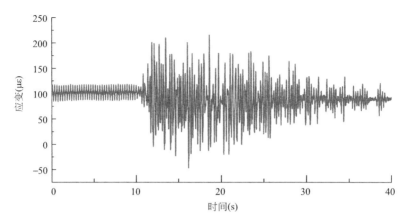

图 5-33　隧道衬砌模型左墙脚外侧应变时程

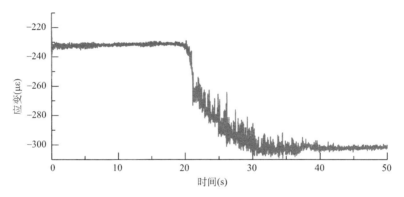

图 5-34　隧道衬砌模型仰拱内侧应变时程

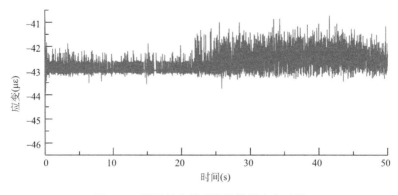

图 5-35　隧道衬砌模型仰拱外侧应变时程

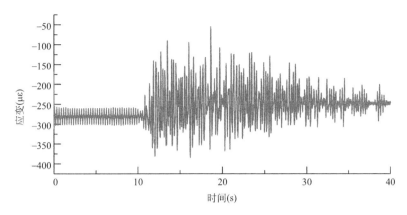

图 5-36 隧道衬砌模型右墙脚内侧应变时程

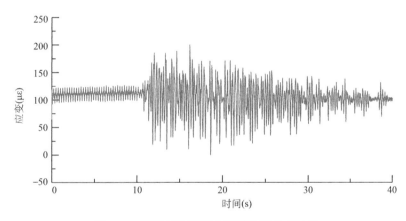

图 5-37 隧道衬砌模型右墙脚外侧应变时程

图 5-38～图 5-41 为拱顶、仰拱和左、右墙脚四个监测部位在不同加载次序下的应变变化情况。由图可以看出：拱顶应变幅值随着加载先是增大，然后减小，表明该点在加载过程中发生了破坏。破坏点对应加载工况为水平向输入地震动为 $0.38g$，竖向为 $0.44g$。左墙脚应变随加载幅值增大而增大。右墙脚应变幅值随着加载先是增大，然后减小，表明该部位在加载过程中也发生了破坏，破坏点对应加载工况为水平向输入地震动为 $0.33g$，竖向为 $0.38g$。

3. 隧道结构破坏情况

施加地震激励后，隧道围岩模型破坏情况如图 5-42 所示。从图中可以看出，断层附近地表出现较大裂缝，隧道模型表层出现的裂缝大部分与隧道轴线呈 45°角，并且在隧道模型上部表层出现裂缝贯穿于断层，数量较多，正是说明了发生地震时隧道模型以剪切破坏为主。

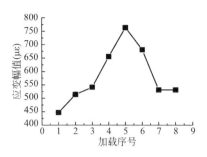
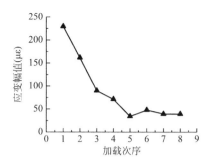

图 5-38　拱顶应变幅值随加载次序的变化情况　　图 5-39　仰拱应变随加载次序的变化情况

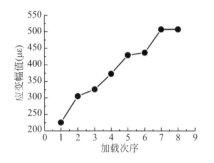
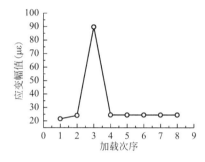

图 5-40　左墙脚应变随加载次序的变化情况　　图 5-41　右墙脚应变随加载次序的变化情况

图 5-42　隧道模型地面破坏情况

　　隧道衬砌破坏情况如图 5-43 所示。由图中可以看出，在隧道进出口均出现了环向裂缝，在洞口段的裂缝数量较多，而在洞口段的裂缝大部分延伸到环向裂缝后终止。因此，可以考虑在有断层附近设置较多的沉降缝，缓冲地震时能量传播。跨断层衬砌在地震作用下产生明显的纵向贯通裂缝和环向裂缝，破裂严重。纵向裂缝发生在右墙脚部位。环向裂缝发生在离断层 30cm 处。表明断层的存在加大了衬砌的破裂情况。

(a) 隧道模型出口段出现裂缝　　　　　　(b) 隧道模型进口段出现裂缝

图 5-43　隧道模型衬砌裂缝照片

5.7.3　单洞隧道洞身段地震响应分析（设置减震层）

1. 试验模型和加载情况

本组试验主要研究单洞隧道洞身段设减震层的减震效果。其试验模型如图 5-44 所示。安设在隧道衬砌周围的为海绵橡胶减震层，厚度为 0.8cm。

(a) 模型正面　　　　　　　　　　　　(b) 安设减震层

图 5-44　工况 3 试验模型

本次试验加载情况与单洞隧道无减震层情况相同，具体情况见表 5-12。

地震作用下的隧道仰拱处及模型箱外壁加速度监测情况见表 5-14。由表 5-14 可以看出，加设减震层后的隧道模型箱加速度变化不大，而仰拱加速度普遍有比较明显的降低，其中仰拱横向加速度最大减小幅度为 18.18%，竖向最大减小幅度为 18.00%，表明减震层具有比较明显的减震效果。

加速度计测试结果一览表 　　　　　表 5-14

加载次序	隧道仰拱处加速度(g)				模型箱外壁加速度(g)			
	横向		竖向		横向		竖向	
1	0.057	−0.072	0.35	−0.31	0.13	−0.14	0.34	−0.33
2	0.22	−0.23	0.32	−0.32	0.29	−0.32	0.31	−0.38
3	0.25	−0.21	0.44	−0.41	0.33	−0.32	0.38	−0.41
4	0.23	−0.30	0.62	−0.55	0.32	−0.25	0.55	−0.56
5	0.52	−0.37	0.56	−0.52	0.38	−0.36	0.44	−0.41
6	0.38	−0.29	0.73	−0.57	0.89	−0.31	0.57	−0.61
7	0.32	−0.28	0.75	−0.68	0.37	−0.39	0.60	−0.68
8	0.33	−0.27	0.88	−0.89	0.50	−0.38	0.76	−0.83

2. 隧道衬砌应变监测结果

图 5-45～图 5-52 为第 4 次加载时的隧道拱顶、墙脚和仰拱典型监测点的应变时程。由图可知：隧道衬砌各个监测点的内侧应变值均大于外侧应变，其中拱顶内侧的应变最大。通过与图 5-30～图 5-37 的应变时程监测结果比较，可以看出安装减震层后的隧道衬砌各监测点内外的应变均有明显降低，证明减震层对减小结构的地震响应具有一定的作用。

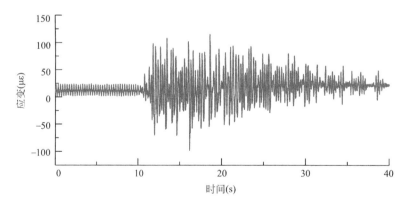

图 5-45　隧道衬砌模型拱顶内侧应变时程

图 5-53～图 5-55 为拱顶、左墙脚和仰拱三个监测部位在不同加载次序下的应变变化情况。由图可以看出：各测点应变均随着振动台面输入加速度峰值的增加而增加。但其相应的应变幅值均明显小于图 5-38～图 5-40 中对应的未安装减震层的隧道衬砌测点的应变幅值，说明减震层对隧道结构具有明显的减震作用。同时图 5-53～图 5-55 中的衬砌监测点应变幅值没有出现明显下降现象，表明衬砌结构在地震中未受到明显的损伤。

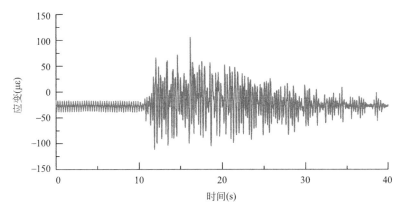

图 5-46　隧道衬砌模型拱顶外侧应变时程

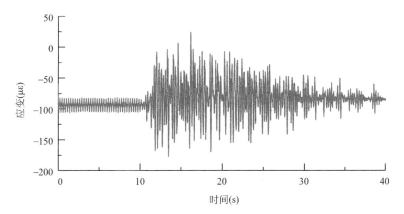

图 5-47　隧道衬砌模型左墙脚内侧应变时程

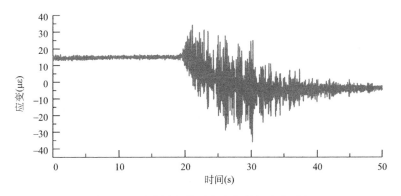

图 5-48　隧道衬砌模型左墙脚外侧应变时程

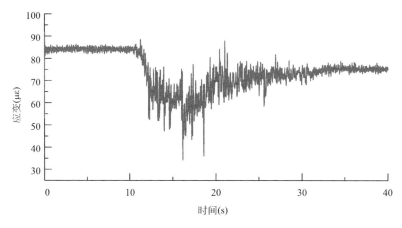

图 5-49　隧道衬砌模型仰拱内侧应变时程

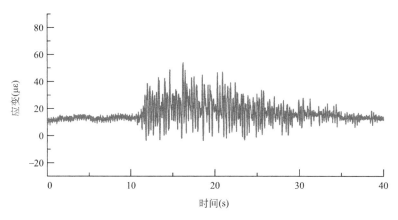

图 5-50　隧道衬砌模型仰拱外侧应变时程

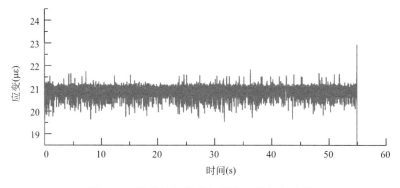

图 5-51　隧道衬砌模型右墙脚内侧应变时程

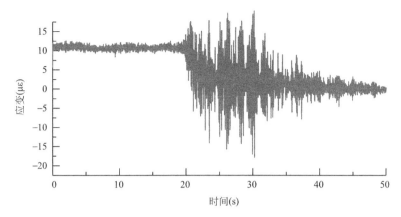

图 5-52 隧道衬砌模型右墙脚外侧应变时程

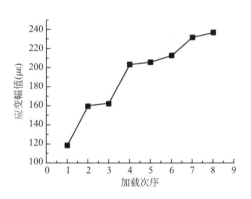

图 5-53 拱顶应变随加载次序的变化

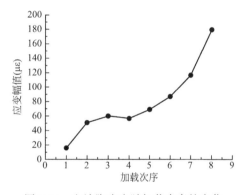

图 5-54 左墙脚应变随加载次序的变化

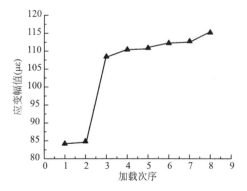

图 5-55 仰拱处应变随加载次序的变化

3. 隧道模型裂缝分析

施加地震激励后，安设减震层后的隧道围岩和衬砌模型破坏情况如图 5-56 和图 5-57 所示。从图中可以看出，在模型土表层出现的裂缝数量大大减少，隧道模型衬砌环向裂缝的位置向洞口端移动，受到减震层的影响，在隧道仰拱以上部位裂缝的数量大大减少，但在未设置减震层的仰拱底部，出现了较多的裂缝，并且在两个边墙脚附近出现了两条纵向裂缝。设置减震层后，在地震作用下，衬砌并无明显裂缝，表明减震层减小了衬砌与模型土的相互作用，从而减轻了结构的震害。说明在衬砌与周围介质之间设置减震层可以起到一定的减震效果。

 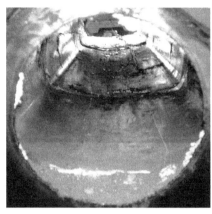

图 5-56　设置减震层的隧道模型地表地裂缝　　图 5-57　安设减震层的隧道衬砌开裂情况

5.7.4　双洞隧道洞口段地震响应分析（无减震措施）

本组试验主要研究双洞隧道洞口段的地震响应规律。隧道双洞中心距离 80cm，前后错距 80cm，无减震措施。其试验模型如图 5-58 所示。地震波加载方式和加载工况同单洞隧道，不再赘述。

图 5-58　双洞隧道试验模型

1. 模型加速度测试结果

表 5-15 给出了各次加载下隧道仰拱和模型箱外壁加速度峰值。由表中可以看出，隧道仰拱处加速度峰值较模型箱外壁大。

加速度反应记录　　　　　　　　　　　　　　　　表 5-15

加载次序	隧道仰拱处加速度峰值（X 向,g）	模型箱外壁加速度峰值（X 向,g）
1	0.330	0.297
2	0.440	0.408
3	0.526	0.495
4	0.622	0.602
5	0.718	0.701
6	0.815	0.802

定义隧道仰拱处加速度幅值与模型箱外壁加速度幅值的比值为加速度放大系数。图 5-59 给出了加速度放大系数随输入地震动幅值的变化规律，可以看出，加速度放大系数随输入地震动幅值的增大而减小。

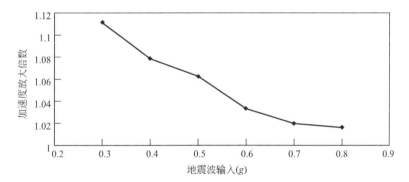

图 5-59　加速度放大系数与输入地震动的关系

图 5-60、图 5-61 给出了输入地震波 0.4g 工况下的仰拱处模型箱外壁的加速度时程曲线及其傅氏谱。从图中可以看出，振动过程中模型土对输入信

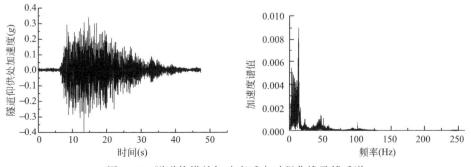

图 5-60　隧道仰拱处加速度反应时程曲线及傅氏谱

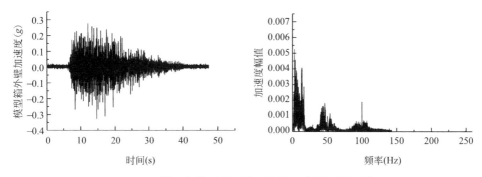

图 5-61　模型箱外壁加速度反应时程曲线及傅氏谱

号有放大效应,并有较明显的延迟现象,而且台面输入地震动经过模型土介质传播后其频谱特性有明显的改变,0～15Hz 频段的反应加强,高频成分的反应衰减。

2. 应变响应规律

图 5-62～图 5-68 给出了右洞主断面 1 处外侧各测点的应变时程曲线。从图中可以看出,各测点应变基线在振动过程中发生了偏移,且在振动结束后并不能消除。造成这一现象的主要原因是隧道结构在地震载荷作用下发生了永久变形,从而使结构产生了附加应变。

图 5-69 给出了拱顶总应变峰值沿隧道纵向的变化规律,可以看出,总应变随与洞口距离的增大而增大。定义相对动应变为动应变(总应变幅值与静应变差值)与静应变的比值,可绘出拱顶相对动应变沿隧道纵向距离的变化规律曲线,如图 5-70 所示,相对动应变随与洞口距离的增大而减小。

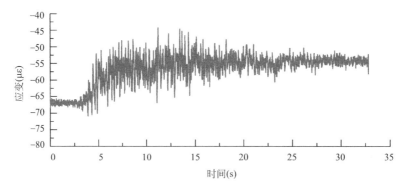

图 5-62　隧道衬砌模型拱顶外侧应变曲线

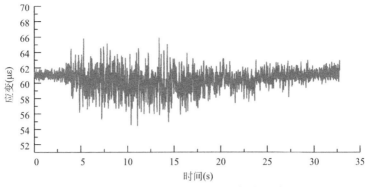

图 5-63　隧道衬砌模型左墙脚内侧应变曲线

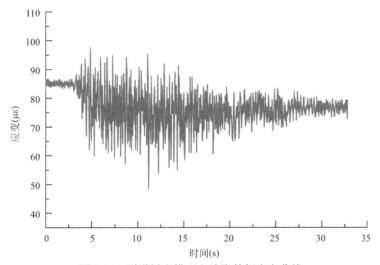

图 5-64　隧道衬砌模型左墙脚外侧应变曲线

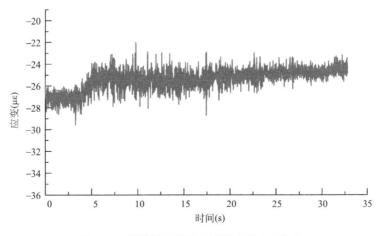

图 5-65　隧道衬砌模型右墙脚内侧应变曲线

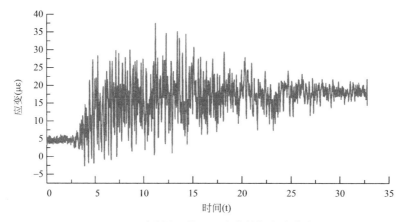

图 5-66 隧道衬砌模型右墙脚外侧应变曲线

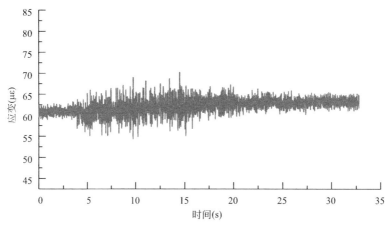

图 5-67 隧道衬砌模型仰拱内侧应变曲线

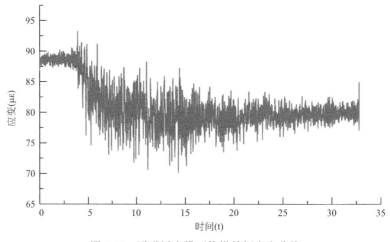

图 5-68 隧道衬砌模型仰拱外侧应变曲线

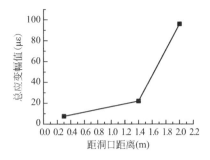
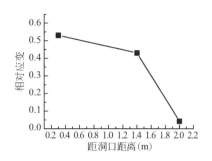

图 5-69　拱顶总应变随洞口距离的变化　　图 5-70　拱顶相对动应变随洞口距离的变化

3. 模型土及隧道结构开裂情况

随着地震波输入的不断增强，隧道衬砌逐渐发生裂纹并继续发展，其中右洞隧道拱顶左偏 45°部位的开裂情况最为严重，如图 5-71 所示。

图 5-71　隧道衬砌模型的开裂

地震波加载过程中，模型围岩表面出现了较多裂纹，如图 5-72 所示。裂纹首先从隧道拱顶两侧 45°位置沿模型土向上发展并逐渐向其他部位扩展，造成这一裂纹的主要原因是模型围岩与结构的相互作用。

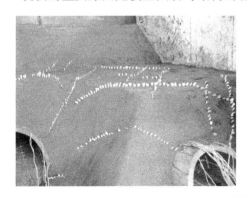

图 5-72　隧道模型围岩的开裂

4. 双洞隧道模型试验结果总结

（1）振动过程中，土体对输入信号有放大效应，并有较明显的延迟现象，而且台面输入地震动经过模型土介质传播后其频谱特性有明显的改变，0～15Hz频段的反应加强，高频成分的反应衰减。

（2）隧道结构在地震作用下发生了永久变形，结构产生了附加应变。总应变随着离洞口距离的增大而增大，但相对动应变随着离洞口距离的增大而减小。这说明随着与洞口距离的增大，隧道结构内力也在增大，但由于模型围岩土体对结构的约束作用在增强，地震动力对隧道结构的影响逐渐减小并趋于平稳。这验证了隧道洞口段数值分析中得出的结论。

（3）隧道结构内力最大值在隧道墙脚部位，该部位是抗震薄弱环节，应加强该部位抗震措施。由于模型土与结构的相互作用，模型土裂纹首先从隧道拱肩两侧45°位置沿模型土向上发展，这是隧道围岩抗震设计的薄弱部位。

（4）双洞隧道的相邻一侧的应变值要高于另一侧，说明双洞隧道之间存在地震波的相互作用，这与波动理论分析和数值模拟分析的结论是一致的。

（5）与单洞隧道模型试验相比，双洞隧道模型的结构和围岩开裂情况更严重，说明双洞的地震响应要高于单洞隧道，也进一步验证了双洞隧道之间确实存在不容忽略的动力相互作用。

5.7.5 双洞隧道洞口地震响应分析（加减震层）

本组试验主要研究设置减震层的双洞隧道洞口段的地震反应规律。隧道双洞中心距80cm，前后错距80cm，加减震措施，其中减震层为海绵橡胶材料，厚度为0.8cm，试验模型如图5-73所示。地震波加载方式和加载工况同工况4，不再赘述。

图5-73 试验模型及减震层设置

1. 加速度测试结果

表5-16给出了各次加载下隧道仰拱和模型箱外壁加速度峰值。由表中可以

看出,隧道仰拱处加速度峰值较模型箱外壁大。图 5-74 给出了加速度放大系数随台面输入地震动幅值的变化规律,可以看出,加速度放大系数随台面输入地震动幅值的增大而减小。

加速度反应记录　　　　　　　　　　　　　　　表 5-16

加载次序	隧道仰拱处加速度峰值(X 向,g)	模型箱外壁加速度峰值(X 向,g)
1	0.326	0.296
2	0.430	0.405
3	0.519	0.496
4	0.614	0.601
5	0.713	0.699
6	0.808	0.801

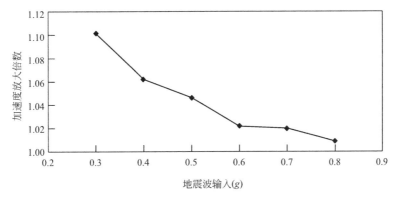

图 5-74　加速度放大系数与输入地震动的关系

2. 隧道衬砌应变测试

图 5-75～图 5-82 给出了右洞主断面 1 处外侧测点的应变时程曲线。可以看出,各测点应变基线在振动过程中发生了偏移,且在振动结束后并不能消除。造成这一现象的主要原因是隧道结构在地震载荷作用下发生了永久变形,从而使结构产生了附加应变。

图 5-83 给出了隧道拱顶总应变幅值沿隧道纵向的变化规律,可以看出,拱顶总应变随离洞口距离的增大而增大。图 5-84 给出了拱顶相对动应变沿隧道纵向的变化规律,可以看出,拱顶相对动应变随离洞口距离的增大而减小。

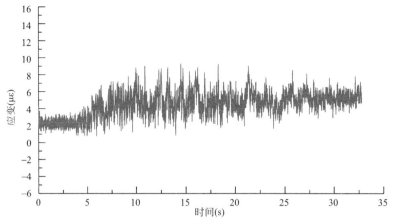

图 5-75 隧道衬砌模型拱顶内侧应变时程曲线

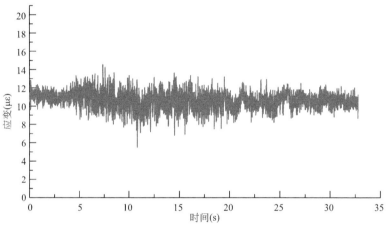

图 5-76 隧道衬砌模型拱顶外侧应变时程曲线

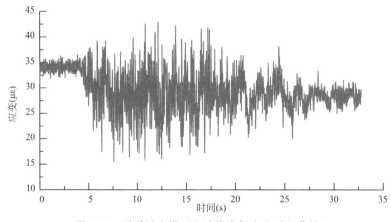

图 5-77 隧道衬砌模型左墙脚内侧应变时程曲线

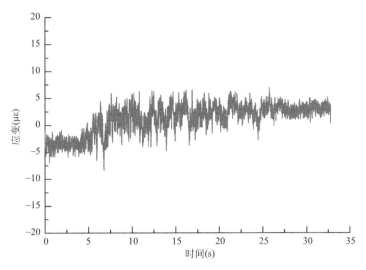

图 5-78 隧道衬砌模型左墙脚外侧应变时程曲线

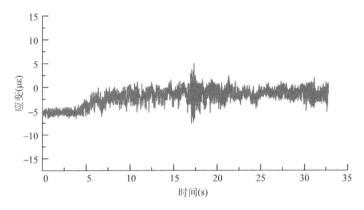

图 5-79 隧道衬砌模型右墙脚内侧应变时程曲线

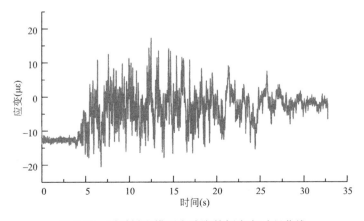

图 5-80 隧道衬砌模型右墙脚外侧应变时程曲线

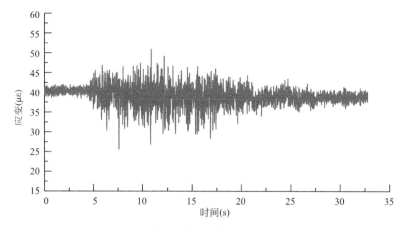

图 5-81 隧道衬砌模型仰拱内侧应变时程曲线

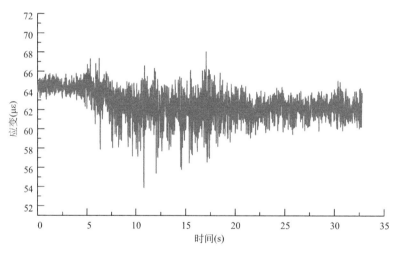

图 5-82 隧道衬砌模型仰拱外侧应变时程曲线

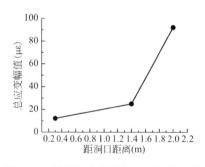

图 5-83 拱顶总应变随洞口距离的变化

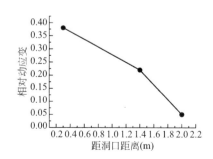

图 5-84 拱顶相对动应变随洞口距离的变化

3. 模型土及隧道结构模型开裂情况

加载过程中，隧道衬砌没有出现大面积开裂，但随着地震波输入的加强，衬砌局部还是出现了开裂现象，但衬砌整体尚完好，主要在隧道墙脚部位外侧出现细小裂缝，如图 5-85 所示。

 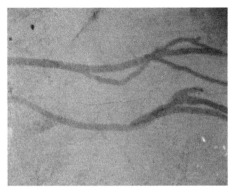

图 5-85　加设减震层后隧道衬砌模型的开裂

在加载过程中模型土表面出现了少量裂纹（图 5-86），裂纹也是首先从隧道拱顶两侧 45°位置沿模型土向上发展。造成这一裂纹的主要原因是模型土与结构的相互作用。

图 5-86　加设减震层后隧道模型围岩的开裂

4. 双洞隧道加设减震层后的模型试验结果总结

通过与工况 3 和工况 4 隧道模型试验结果相比较，可以得出以下结论：

（1）相比于安设减震层的单洞隧道，双洞隧道的地震影响和衬砌开裂情况明显高于单洞隧道，表明双洞隧道之间存在较强的动力相互作用。

（2）设置减震层后隧道仰拱处加速度放大系数明显小于无减震层时的情况。说明减震层在一定程度上减小了模型围岩土对结构的能量输入，从而达到减震的效果。

（3）设置减震层后的衬砌总应变幅值与相对动应变幅值均小于没有安设减震层的情况，说明减震层对模型结构的地震响应具有明显的减震效果。这与第 4 章中的减震数值模拟分析的结论是一致的。

（4）工况 4 和工况 5 两种工况下的双洞隧道洞口段模型衬砌和围岩都出现了开裂现象，且开裂规律基本相似，说明加设减震层对地震波的频谱特性和隧道结构的动力响应规律影响不大。但两种工况下开裂的程度不同，工况 5 加设减震层后，无论是衬砌结构还是模型围岩土的开裂都较工况 4 明显较少，说明减震层减弱了模型土与结构的相互作用，减弱了双洞隧道结构的地震响应，具有一定的减震作用。

5.8 本章小结

本章以相似理论为基础，采用量纲分析法推导出模型的相似准则，获得模型各主要物理量的相似比，并在此基础上进行模型试验，研究了双洞山岭隧道的地震响应规律，得出的主要结论有：

（1）地震作用下，由于双洞隧道之间存在一定的相互作用，所以其地震响应明显高于单洞隧道。在相同的地震作用下，双洞模型的衬砌和围岩开裂情况比单洞工况更加严重。因此，隧道抗减震设计中需要注意隧道的间距问题。

（2）地震作用下隧道横断面各测点中，墙脚处的内力最大，这是隧道抗震设计中的薄弱环节。

（3）双洞山岭隧道的洞口地段由于围岩的约束作用较小，是隧道抗震设计的薄弱地段。

（4）加设纵向减震层可以减弱结构的应变幅值，未设减震层的隧道衬砌和围岩开裂情况相比安设减震层的隧道更加严重，说明减震层对隧道结构的减震作用是比较明显的。

第6章 研究结论和展望

6.1 研究结论

本研究主要针对双洞山岭隧道的地震响应进行了波动理论分析、数值模拟研究以及模型试验，得出的主要结论有：

（1）隧道间距对双洞山岭隧道的地震响应影响比较显著。地震作用下的双洞隧道间距越小，隧道间的相互作用就越强，相应的地震响应就越大。二维波动理论分析表明：洞室距离越小，衬砌的动应力系数就越大，而随着间距的增大，衬砌动应力系数逐渐减小并趋于稳定。山岭隧道三维数值分析表明：隧道间距越小，相应的衬砌位移和内力就越大，间距为 $0.5D$ 时，隧道衬砌的内力明显大于其他工况，是隧道地震动力作用下的临界间距。山岭隧道模型试验结果也验证了在双洞隧道之间确实存在不容忽视的动力相互作用，双洞隧道的结构受损情况明显大于单洞隧道。

（2）衬砌刚度对隧道的衬砌动应力具有很大的影响。二维波动理论分析表明：刚性衬砌的动应力系数始终最大，无衬砌情况次之，柔性衬砌最小。山岭隧道三维数值分析表明：衬砌刚度越小，相应的衬砌内力就越小，表明柔性衬砌具有一定的减震作用。

（3）波动频率对双洞山岭隧道的衬砌动应力系数有重要的影响。对于平面 P 波或者平面 SV 波，随着波动频率的提高，洞室结构的动应力分布逐渐复杂化，应力数值逐渐减小，这说明低频地震波对地下洞室的危害更大。

（4）对双洞山岭隧道的衬砌动应力系数来说，在隧道衬砌的间距、刚度等相关参数相同的情况下，平面 SV 波作用下的衬砌动应力总体上要大于平面 P 波入射的情况，这说明地震波中的剪切波对地下洞室造成的损伤更大。

（5）对双洞山岭隧道地震响应数值分析表明：地震波的激励方向对隧道结构的地震响应有重要影响，其中隧道横向的地震响应大于纵向和竖向地震响应。隧道的埋深对隧道结构的地震响应也有重要影响，埋深越大，隧道结构越安全，$8D$ 埋深是地震动力作用下确定隧道深浅埋的标准，称为地震动力作用下的临界埋深。

（6）双洞山岭隧道的横断面各监测点中，仰拱的位移最大而墙脚的内力最大，属于山岭隧道抗震设计的薄弱环节。

（7）隧道围岩的性质不同，隧道结构的地震响应会有较大的差别。其中，隧道围岩的强度越高、整体性越好，隧道结构的地震响应就会越小，相应的隧道结构也就越安全。

（8）由于双洞山岭隧道的洞口段围岩对结构的约束作用较小，故洞口段是隧道抗震设计的薄弱环节，其地震响应规律为：衬砌的峰值位移随进洞距离的增大而减小并趋于稳定，而内力则逐渐增加并趋于稳定。对于双洞山岭隧道来说，应取进洞距离不小于100m的范围作为洞口抗震设防长度进行重点抗减震设计。

（9）对于双洞山岭隧道来说，除了必要的抗震设计之外，可以采取一些减震措施来保护衬砌结构。三维数值分析表明：注浆加固围岩和加设减震材料是两种简单可行而且效果明显的措施。减震层可以有效地减弱衬砌的内力地震响应并使得衬砌断面的内力分布更加均匀合理。山岭隧道模型试验则表明：在隧道衬砌和初期支护之间加设减震材料可以减轻衬砌的地震响应，有明显的减震效果。

6.2　展望

受一些客观条件的限制，研究过程尚有很多不足之处，因此需要在后续研究中进一步解决和完善，主要包括：

（1）对于山岭隧道洞口段或浅埋段，地震表面波对隧道安全影响较大，后续研究中，有必要进一步考虑表面波对山岭隧道衬砌动应力的影响。

（2）本书的数值模拟分析没有考虑围岩节理裂隙以及地下水对隧道地震响应的影响。对于裂隙发育的富水岩层，水的存在对结构的地震安全性也有较大的影响，后续研究中，可以进一步考虑其对隧道地震安全性的影响。

（3）在抗震研究中，应该对模型试验更加重视，这是进行抗震研究最直观有效的工作，但限于振动台的尺寸、承载力以及频率限制等因素，目前的振动台模型试验的相似比例受到一定限制，对模型试验的结果产生一定的误差。因此，后续可以进行更大型和精确的振动台试验研究，以此来进一步完善山岭隧道抗减震理论。

（4）可以考虑通过在山岭隧道衬砌中掺加一定的高强高弹性纤维材料，分析其在地震作用下的应力应变，研究纤维混凝土对双洞山岭隧道的减震作用。

参考文献

[1] Dowing C. H. and Rozen A. Damage to rock tunnels from earthquakes shaking [J]. Journal of the Geotechnical Engineering Division, ASCE, 1978 (104): 175-191.

[2] Dowing C. H. Earthquake stability of rock tunnel [J]. Tunnels and Tunnelling, 1979 (6): 15-20.

[3] 潘昌实. 隧道地震灾害综述 [J]. 隧道及地下工程, 1990, 11 (2): 1-9.

[4] Sunil Sharma, Willian R. Judd. 地震对地下工程的破坏 [J]. 雷谦荣译. 地下空间, 1992 (4): 335-344.

[5] 张缄. 隧道震害综述. 铁道工程建设科技动态报告文集 [C]. 北京: 中国铁道出版社, 1993.

[6] 潘昌实. 隧道及地下结构物抗震问题的研究概况 [J]. 世界隧道, 1996 (5): 7-16.

[7] Tajiri Masaru. Damage done by the great earthquake disaster of the Hanshin-Awaji district to the kobe Municipal Subway System and restoration works of the damage [J]. Japanese Railway Engineering, 1997 (137): 19-23.

[8] Iida Hiroomi. Damage and restoration of Daikai station of Kobe Rapid Transit Railway [J]. Japanese Railway Engineering, 1997 (137): 24-27.

[9] 郑永来, 杨林德. 地下结构震害与抗震对策 [J]. 工程抗震, 1999 (4): 23-28.

[10] Wang W L, et al. Assessment of damage in mountain tunnels due to the Taiwan Chi Chi Earthquake [J]. Tunneling and Underground Space Technology. 2001 (16): 133-150.

[11] 朱永全. 109号隧道地震灾害与加固处理的思考 [J]. 国防交通工程与技术. 2008 (4): 1-4.

[12] 路仕洋. 宝成铁路宝鸡—广元段隧道震害的调查与分析 [J]. 国防交通工程与技术. 2008 (6): 59-61.

[13] 李天斌. 汶川特大地震中山岭隧道变形破坏特征及影响因素分析 [J]. 工程地质学报, 2008, 16 (6): 742-750.

[14] 中华人民共和国国家标准. 铁路工程抗震设计规范 GB 50111—2006 (2009年版) [S]. 北京: 中国计划出版社, 2009.

[15] 中华人民共和国国家标准. 城市轨道交通结构抗震设计规范 GB 50909—2014 [S]. 北京: 中国计划出版社, 2014.

[16] 中华人民共和国行业标准. 公路工程抗震设计规范 JTG B02—2013 [S]. 北京: 人民交通出版社, 2014.

[17] 胡聿贤. 地震工程学 (第二版) [M]. 北京: 地震出版社, 2006.

[18] 沈聚敏, 周锡元, 高小旺, 等. 抗震工程学 (第二版) [M]. 北京: 中国建筑工业出版社, 2015.

[19] 王秀英,刘维宁,张弥.地下结构震害类型及机理研究[J].中国安全科学学报,2003,13(11):55-58.

[20] 孙钧,侯学渊.地下结构(上、下)[M].北京:科学出版社,1987.

[21] 施仲衡.地下铁道设计与施工[M].西安:陕西科学技术出版社,1997.

[22] Thomas R. K. Earthquake design criteria for subway [J]. Journal of the Structural Division, Proceedings of ASCE, 1969 (6): 1213-1231.

[23] H. H. 福季耶娃,徐显毅译.地震区地下结构物支护的计算[M].北京:煤炭工业出版社,1986.

[24] 于翔,陈启亮,赵跃堂,等,地下结构抗震研究方法及其现状[J].解放军理工大学学报,2000,1(5):63-69.

[25] 周德培.地铁抗震设计准则[J].世界隧道,1995(2):36-45.

[26] Shukla D K, Rizzo P C, Stephenson D E. Earthquake load analysis of tunnels and shafts [C]. Proceeding of the Seventh World Conference on Earthquake Engineering, 1980, (8): 20-28.

[27] Dasgupta G. A finite element formulation for unbounded homogencous continua [J]. Mech. ASME, 1982 (49): 136-140.

[28] John P. Wolf, Song C. Dynamic-stiffness matrix of unbounded soil by finite-elementmuticell cloning [J]. Earthquake Engineering and Structural Dynamics, 1994 (23): 232-250.

[29] Song C M, Wolf. J P. Dynamic stiffness of unbounded medium based on damping-solvent extraction [J]. EESD, 1994, 23 (2): 169-181.

[30] Song C M, Wolf J P. The scaled boundary finite element method—a primer solution procedures [J]. Computers and Structures, 2000, 78 (3): 211-225.

[31] John C M S, Zahrah T F. Aseismic design of underground structures [J]. Tunnelling and Underground Space Technology, 1987 (21): 65-197.

[32] 林皋.地下结构抗震分析综述(上)[J].世界地震工程,1990(2):1-10.

[33] 林皋.地下结构抗震分析综述(下)[J].世界地震工程,1990(3):1-10.

[34] 林皋,梁青槐.地下结构的抗震设计[J].土木工程学报,1996,29(1):15-24.

[35] 邵根大,骆文海.强地震作用下铁路隧道衬砌耐震性的研究[J].中国铁道科学,1992,12(2):92-109.

[36] 王志杰,高波,关宝树.围岩—隧道衬砌结构体系的减震研究[J].西南交通大学学报,1996,31(6):590-594.

[37] 周德培.强震区隧道洞口段的动力特性研究[J].地震工程与工程振动,1998,18(1):124-130.

[38] 王明年,关宝树.地下结构是减震结构[J].工程力学,1999(增刊):802-807.

[39] 王明年.高地震区地下结构减震技术原理的研究[D].成都:西南交通大学,1999.

[40] 王明年,关宝树.高烈度地震区地下结构减震原理研究[J].工程力学,2000(增刊):295-299.

[41] 高峰,关宝树.深圳地铁地震反应分析[J].西南交通大学学报,2001,36(4):355-359.

[42] 陈健云，胡志强，林皋．超大型地下洞室群的三维地震响应分析［J］．岩土工程学报．2001，23（4）：494-498.

[43] 陈健云，胡志强，林皋．超大型地下洞室群的随机地震响应分析［J］．水利学报．2002，(1)：71-75.

[44] 陈健云，胡志强，林皋．大型地下结构三维地震响应特点研究［J］．大连理工大学学报．2003，43（3）：344-348.

[45] 严松宏，高波，潘昌实．地震作用下沉管隧道接头力学性能分析［J］．岩石力学与工程学报，2003，22（2）：286-289.

[46] 严松宏，高峰，梁波，等．地下结构非平稳随机地震响应分析［J］．岩土工程学报，2004，26（2）：220-224.

[47] 严松宏，梁波，高波．地下结构纵向抗震动力可靠度分析［J］．岩石力学与工程学报，2005，24（1）：71-76.

[48] 严松宏，梁波，高峰，等．考虑地震非平稳性的隧道纵向抗震可靠度分析［J］．岩石力学与工程学报，2005，24（5）：818-822.

[49] 蒋建群，卢慈荣，沈林冲．盾构法隧道纵向非线性地震响应特性研究［J］．水力发电学报，2005，24（2）：10-15.

[50] 蒋建群，卢慈荣，沈林冲，等．盾构法隧道纵向地震响应特性［J］．中国铁道科学，2005，26（6）：84-88.

[51] 高峰，石玉成，严松宏，等．隧道的两种减震措施研究［J］．岩石力学与工程学报，2005，24（2）：222-229.

[52] 高峰，石玉成，严松宏，等．隧道洞口段的抗震设防长度［J］．中国公路学报，2006，19（3）：65-69.

[53] 李育枢，高广运，李天斌．偏压隧道洞口边坡地震动力反应及稳定性分析［J］．地下空间与工程学报，2006，2（5）：738-743.

[54] 李育枢．山岭隧道地震动力响应及减震措施研究［D］．上海：同济大学，2006.

[55] 刘晶波，李彬．地铁地下结构抗震分析及设计中的几个关键问题［J］．土木工程学报，2006，39（6）：106-110.

[56] 刘晶波，李彬，刘祥庆．地下结构抗震设计中的静力弹塑性分析［J］．土木工程学报，2007，40（7）：68-76.

[57] 周健，秦天，孔戈．武汉长江隧道横断面地震响应分析［J］．工程抗震与加固改造，2007，29（2）：84-91.

[58] 孔戈，周健，徐建平，等．盾构隧道横向地震响应规律研究［J］．岩石力学与工程学报，2007，26（z1）：2872-2879.

[59] 张栋梁，杨林德，谢永利，等．盾构隧道抗震设计计算的解析解［J］．岩石力学与工程学报，2008，27（3）：543-549.

[60] 汪树华，高波，王英，等．高烈度地震区山岭隧道动力响应规律及抗震措施分析研究［J］．现代隧道技术，2013，50（5）：60-67，74.

[61] 耿萍，何悦，何川，等．穿越断层破碎带隧道合理抗震设防长度研究［J］．岩石力学与工程学报，2014，33（2）：358-365.

[62] 朱正国, 余剑涛, 隋传毅, 等. 高烈度活断层地区隧道结构抗震的综合措施 [J]. 中国铁道科学, 2014, 35 (6): 55-62.

[63] 江学良, 连鹏远, 杨慧, 等. 浅埋偏压小净距隧道大型振动台实验研究 [J]. 应用力学学报, 2017, 34 (3): 456-463.

[64] 王泽军, 陈铁林, 崔光耀, 等. 强震区隧道洞口软硬岩交接段围岩注浆抗震措施效果分析 [J]. 中国地质灾害与防治学报, 2018, 29 (4): 96-102.

[65] 申玉生, 唐浪洲, 周鹏发, 等. 强震区穿越软硬交界面铁路隧道结构抗震技术研究 [J]. 铁道标准设计, 2018, 62 (10): 123-129.

[66] 刘晶波, 王东洋, 谭辉, 等. 隧道纵向地震反应分析的整体式反应位移法 [J]. 工程力学, 2018, 35 (10): 17-26.

[67] 崔光耀, 王李斌, 王明年, 等. 强震区隧道软岩洞口段刚柔并济抗减震措施模型试验研究 [J]. 振动工程学报, 2019, 32 (1): 29-36.

[68] 王秋懿, 杨奎, 毛金龙, 等. 九度地震区公路隧道二次衬砌结构抗震综合措施研究 [J]. 现代隧道技术, 2019, 56 (5): 42-49, 66.

[69] 禹海涛, 杨喻声, 袁勇, 等. 地下结构抗震分析的振动法与波动法对比研究 [J]. 地震工程学报, 2019, 41 (4): 845-852.

[70] 刘国庆, 肖明, 陈俊涛. 基于增量动力分析的隧洞结构抗震性能评估 [J]. 工程科学与技术, 2019, 51 (3): 92-100.

[71] Hamada H, Kitahara M. Earthquake observation and BIE analysis on dynamic behavior of rock cavern [C]. Proceeding of the Fifth International Conference on Numerical Methods in Geomechanics. Nagoya, 1985, 3: 1525-1532.

[72] Shunzo Okamoto. Introduction to earthquake engineering [M]. Tokyo: University of Tokyo Press, 1984.

[73] Gao Quqing. The Destructive Effects of earthquake on surface and underground constructions works [C]. Tunneling and Underground Works. Beijing International Colloquium, 1984: 21-27.

[74] Briaud J L. et al. Measured and predicted axial response of piles [J]. Journal of Geotechnical Engineering. ASCE, 1988, 114 (9): 984-1001.

[75] Sharma S, Judd W R. Underground opening damage from earthquakes [J]. Eng. Geol. 1991, 30 (3, 4): 263-276.

[76] Phillips J S, Luke B A. Tunnel damage resulting from seismic loading [C]. Proc. 2nd Intern. Conf. on Rec. Adv. inGeot. Earthquake. Eng. and soil Dyn. St. Louis, Missouri, 1991: 207-217.

[77] Yakovlevich D I, Borisovna M J. Behavior of tunnel liner model on seismic platform [C]. VI. Sump on Earthquake Engineering. University of Roorkee, 1978 (1): 379-382.

[78] Goto Y, Matsuda Y, Ejiri J, et al. Influence of distance between juxtaposed shield tunnels on their seismic responses [C]. Proc. 9th World Conference on Earthquake Engineering. Tokyo-Kyoto, Japan, 1988: 569-574.

[79] JunTohoa, et al. Characteristic features of damage to the public sewerage systems in the Hanshin area, Special Issue of Soils and Foundations [J]. Japanese Geotechnical Society, 1996 (1): 335~347.

[80] Hiroomi Iida, et al. Damage to Daikai Subway Station [J]. Special Issue of Soils and Foundations. Japanese Geotechnical Society, 1996 (1): 283~300.

[81] Toshihiro Asakora. Damage to Mountain Tunnels in Hazard Area [J]. Special Issue of Soil and Foundation. Japanese Geotechnical Society, 1996 (1): 301-310.

[82] Pao Y H, Mow C C. Diffraction of elastic waves and dynamic stress concentrations [M]. New York: Crane Russak and Company, 1973.

[83] Vincent W. Lee, Mihaiio D. Trifunac. Response of tunnels to incident SH-wave [J]. Journal of the Engineering Mechanics Division, ASCE, 1979, 105 (4): 643-659.

[84] S. K. Datta, A. H. Shah. Scattering of SH-wave by embedded cavities [J]. Wave Motion, 1982 (4): 265-283.

[85] A. H. Shah, K. C. Wong, S. K. Datta. Diffraction of plane SH-wave in a half space [J]. Earthquake eng. struct. dyn, 1982 (10): 519-528.

[86] Thambirajah Balendra, David P. Thambiratnam, Chan. Ghee Koh, Seng-Lip Lee. Dynamic response of twin circular tunnels due to incident SH-wave [J]. Earthquake eng. struct. dyn, 1984 (12): 181-201.

[87] Wong K C, Shah A H, Datta S K. Diffraction of elastic waves in half-space. II. Analytical and numerical solutions [J]. Bulletin of the Seismological Society of America. 1985, 75 (1): 69-92.

[88] Lee V W, Cao. H. Diffraction of SV wave by circular cylindrical canyons of various depths [J]. Journal of the Engineering Mechanics Division, ASCE, 1989, 115 (9): 2035-2056.

[89] Lee V W, Karl J. Diffraction of SV wave by underground, circular, cylindrical cavities [J]. Soil Dynamics and Earthquake Engineering, 1992 (11): 445-456.

[90] C. A. Davis, V. W. Lee, J. P. Bardet. Transverse response of underground cavities and pipes to incident SV waves [J]. Earthquake eng. struct. dyn, 2001 (30): 383-410.

[91] Cao. H, Lee V W. Scattering and diffraction of plane P wave by circular cylindrical canyons with variable depth-to-width ratio [J]. International Journal of Soil Dynamics and Earthquake Engineering, 1990, 9 (3): 140-150.

[92] Lee V W, Karl J. On Deformations near a circular underground cavity subjected to P waves [J]. European Earthquake Engineering, 1993 (11): 445-456.

[93] J. E. Luco, H. L. Wong, F. C. P. De Barrors. Three-dimensional response of a cylindrical canyon in a layered half-space [J]. Earthquake eng. struct. dyn, 1990 (19): 799-817.

[94] J. E. Luco, F. C. P. De Barrors. Dynamic displacements and stresses in the vicinity of a cylindrical cavity embedded in a half-space [J]. Earthquake eng. struct. dyn, 1994 (23): 321-340.

[95] 刘殿魁, 史守峡. 界面上圆形衬砌结构对平面SH波散射 [J]. 力学学报, 2002, 34

(5)：796-803.

[96] 王艳，刘殿魁. SH 波入射时浅埋衬砌结构的动力分析 [J]. 哈尔滨工程大学学报，2002，23 (6)：43-47.

[97] 梁建文，张浩，Vincent W LEE. 平面 P 波入射下地下洞室群动应力集中问题解析解 [J]. 岩土工程学报，2004，26 (6)：815-819.

[98] 梁建文，张浩，Lee V W. 地下双洞室在 SV 波入射下动力响应问题解析解 [J]. 振动工程学报，2004，17 (2)：132-140.

[99] Lysmer J, Kuhlemeyer R L. Finite dynamic model for infinite media [J]. Journal of Engineering Mechanics ASCE，1969 (95)：859~877.

[100] Liao Z P, Wong H L. A Transmitting Boundary for the Numerical Simulation of Elastic wave Propagation [J]. SoilDyn. and Earth. Eng，1984，3 (4)：178-183.

[101] LiuJingbo, DuYixin, DuXiuli, et al. 3D viscous-spring artificial boundary in time domain [J]. Earthquake Engineering and Engineering Vibration. 2006, 5 (1)：94-102.

[102] Chopra A K, Dasgupta G. Dynamic stiffness matrix for viscoelastic half plane foundation [J]. ASCE，1976，102 (EM3)：497-514.

[103] Bettess P, Zienkiewica. O. C. Diffraction and refraction of surface wave using finite and infinite elements [J]. Inter. Journal for Num. Meth. In Eng. 1977 (11)：1271-1290.

[104] S. Okamoto, et, al. Behaves of submerged tunnels during earthquake [C]. Proceeding of the fifth WCEE, 1973 (1)：544-553.

[105] Yakovlevich D I, Borisovna M J. Behavior of tunnel liner model on seismic platform [C]. VI. Sump. on Earthquake Engineering. University of Roorkee，1978 (1)：379-382.

[106] Goto Y, Matsuda Y, Ejiri J, et al. Influence of Distance between Juxtaposed Shield Tunnels on their Seismic Responses [C]. Proc. 9th World Conf. on Earthquake. Eng. Tokyo-Kyoto, Japan, 1988：569-574.

[107] 徐志英，施善云. 土与地下结构动力相互作用大型振动台试验与计算 [J]. 岩土工程学报，1993，15 (4)：1-7.

[108] 季倩倩. 地铁车站结构振动台模型试验研究 [D]. 上海：同济大学，2002.

[109] 杨林德，杨超，季倩倩，等. 地铁车站的振动台试验与地震响应的计算方法 [J]. 同济大学学报，2003，31 (10)：1135-1140.

[110] 杨林德，王国波，郑永来，等. 地铁车站结构振动台模型试验及地震响应的三维数值模拟 [J]. 岩石力学与工程学报，2007，26 (8)：1538-1545.

[111] 杨林德，王国波，郑永来，等. 地铁车站接头结构振动台模型试验及地震响应的三维数值模拟 [J]. 岩土工程学报，2007，29 (12)：1893-1898.

[112] 李育枢，李天斌，王栋，等. 黄草坪2#隧道洞口段减震措施的大型振动台模型试验研究 [J]. 岩石力学与工程学报，2009，28 (6)：1128-1135.

[113] 蒋树屏，文栋良，郑升宝. 嘎隆拉隧道洞口段地震响应大型振动台模型试验研究 [J]. 岩石力学与工程学，2011，30 (4)：649-656.

[114] 陶连金，李书龙，侯森，等. 山岭隧道洞口段地震响应振动台模型试验研究 [J]. 世

界地震工程，2016，32（4）：7-16.

[115] Milton. Abramowitz, Irene. A. Stegun. Handbook of mathematical functions with formulas, graphs, and mathematical tables [M]. New York：Dover Publication，1972.

[116] Stratton，J. A. Electromagnetic Theory [M]. New York：McGraw-Hill，1941，369.

[117] Tiruvenkatacher. V. R.，Viswanathan, k. Dynamic response of an elastic half-space with cylindrical cavity to time dependent surface tractions over the boundary of the cavity [J]. Math. Mech.，1965（14）：541~571.

[118] Hamming, R. W. Numerical Methods for Scientists and Engineers [M]. New York：McGraw-Hill，1962.

[119] 黄朝光，彭大文. 人工合成地震波的研究 [J]. 福州大学学报（自然科学学报），1996，24（4）：82-88.

[120] 邹立华，刘爱平，杨宏，等. 利用小波重构合成地震波方法及特性研究 [J]. 地震学报，2007，29（6）：635-642.

[121] 刘培森. 应用傅立叶变换 [M]. 北京：北京理工大学出版社，1990.

[122] 潘文杰. 傅立叶分析及其应用 [M]. 北京：北京大学出版社，2000.

[123] 赵淑红. 时频分析方法及其在地震波数据处理中的应用 [D]. 西安：长安大学，2003.

[124] B. Boashash，P. J. O Shea. Polynomial Wigner-Ville distributions and their relationship to time-varying higher order spectra [J]. IEEE Trans. Signal Processing，1994（42）：216-220.

[125] 陈灯红，彭刚，姚艳华，等. 地震波时域数值优化研究及应用 [J]. 世界地震工程，2008，24（4）：130-135.

[126] P. Bettess，Infinite Element [J]. Int. J. Num. Meth. Eng.，1977（15）：53-64.

[127] 赵成钢，张其浩. 边界元法在地震波动问题中的应用简介 [J]. 世界地震工程，1991（4）：31-38.

[128] Z. S. Alterman, F. C. Jr. Karal. Propagation of Elastic Waves in Layered Media by Finite Difference Methods [J]. Bull. Seism. Soc. Am，1968（58）：367-398.

[129] Smith W D. The Applications of Finite Element Analysis to Body wave Propagation Problem [J]. Geophys. J. Res. Astr，Soc，1975（42）：747-768.

[130] Lysmer J. Asss G. Shear wave in plane infinite structure [J]. Journal of the Engineering Mechanics Division，ASCE，1972，98（1）：85-105.

[131] 廖振鹏. 近场波动的数值模拟 [J]. 力学进展，1997，27（2）：193-216.

[132] 郑永来，杨林德，李文艺，等. 地下结构抗震 [M]. 上海：同济大学出版社，2005.

[133] 孔德森，栾茂田. 岩土力学数值方法研究 [J]. 岩土工程技术，2005，19（5）：249-253.

[134] 刘建华，朱维申，李术才. 岩土介质三维快速拉格朗日数值分析方法研究 [J]. 岩土力学，2006，27（4）：525-529.

[135] 杨俊杰. 相似理论与结构模型试验 [M]. 武汉：武汉理工大学出版社，2005.

[136] Prevost J H. Scanlan R H. Dynamical soil-structure interaction：centrifugal modeling

[J]. Soil Dynamics and Earthquake Engineering, 1983, 2 (4): 30-36.

[137] Fishman K L. Laboratory study of seismic free-field response of sand [J]. Soil Dynamics and Earthquake Engineering, 1995, 14 (1): 33-43.